学校の「当たり前」をやめた。

生徒も教師も変わる！公立名門中学校長の改革

重构学校
教育模式

如何选择最优手段实现教育目标

[日] 工藤勇一　著

中国青年出版社
CHINA YOUTH PRESS

图书在版编目（CIP）数据

重构学校教育模式：如何选择最优手段实现教育目标/（日）工藤勇一著；李凌洁译.
—北京：中国青年出版社，2023.1
ISBN 978-7-5153-6806-1

Ⅰ.①重… Ⅱ.①工…②李… Ⅲ.①学校教育－教育改革－研究 Ⅳ.①G4

中国版本图书馆 CIP 数据核字（2022）第196039号

重构学校教育模式：
如何选择最优手段实现教育目标

作　　者：［日］工藤勇一
译　　者：李凌洁
责任编辑：肖妩嫔
文字编辑：吴亦煊
美术编辑：杜雨萃
出　　版：中国青年出版社
发　　行：北京中青文文化传媒有限公司
电　　话：010-65511272 / 65516873
公司网址：www.cyb.com.cn
购书网址：zqwts.tmall.com
印　　刷：大厂回族自治县益利印刷有限公司
版　　次：2023年1月第1版
印　　次：2023年1月第1次印刷
开　　本：787×1092　1/16
字　　数：106千字
印　　张：9
京权图字：01-2022-5053
书　　号：ISBN 978-7-5153-6806-1
定　　价：48.00元

目　录

聚焦核心目标，选择最优手段

总有这么一个场景，萦绕在我的心头，挥之不去。

那是我在山形县刚当上老师那会儿，我和孩子们一起去学校后山上奔跑、翻滚，躺在地上仰望湛蓝的天空，心满意足地品味空气中青草的芳香。那一刻我们无忧无虑，好不惬意。如今想来，那时的自己可真是年轻气盛啊。想必在前辈老师们的眼里，我就是一个整天带着孩子们瞎胡闹、不知天高地厚的新人吧。

时至今日，我还是常常会想起那时孩子们无邪的笑容，怀念当时的那份充实与自在。

我现在在千代田区立麴町中学担任校长一职，今年（2018年）是我任职的第五年。在日本众多中学里，麴町中学算是一所有点"特殊"的学校。它毗邻皇居，学区内还有国会议事堂、最高法院、首相官邸、众议院、参议院的议员会馆等重要机构。现在的在校生都是本地学生，但在过去，从东京其他学区跨境入学的学生占了学校总人数的一半以上，曾一度被列入"番町小学→麴町中学→日比谷高中→东京大学"这份"名校一条龙"榜单。在日比谷高中每年近200人考上东京大学的时代，麴町中学每年都会有50多人考入日比谷高中，是一所有着极高升学率的超级名校。这所学校不仅毕业生里人才辈出，校内的设施和设备也相当完善，气派的大厅更是让前来参观的人们赞叹不已。此外，学校经费充足，能让学生接受到很多外校老师的指导。不过，这并不意味着麴町中学所推行的改革离开了这片土地、这些设施设备就无从实施。

像"不做服装、发型指导""不布置家庭作业""废除期中、期末考试""废除固定班主任制"这些备受关注的措施，第一次听到的人恐怕会大吃一惊。此外，也会有教育界同仁对我们正在推行的举措表示"不认同"。

但是，推行这些改革并非我的临时起意，而是在漫长的职业生涯中——从山形县任教开始，到调任东京，再到后来在目黑区、东京都以及新宿区的教育委员会担任教导主任和管理层——一直在酝酿和计划的事情。我会秉持"分清目标与手段""明确上层目标""重视教育自主性"等原则，对"学校里的理所当然"进行重新审视并予以修正。从某种意义上说，这也有助于我打破教师的惯性思维。

这本书可能会打击到很多勤勉敬业的老师的热情。并且，书里的内容也似乎在与贯彻落实新教学大纲的教育行政人员唱反调。但是，请大家务必相信，我的本意并非如此。也希望大家能在理解我的基础上继续读完这本书。

目标和手段——学校为何存在

当前，日本学校开展的很多教学活动似乎都忽略了活动的"初衷"。更令人震惊的是，大多数教育工作者甚至都不曾意识到这个问题。老师每天布置家庭作业；学生为了应付考试而努力学习；为了提高学生的学习成绩，老师根据教学大纲的要求悉心指导班里的每一位学生；教室里挂着"以和为贵"的条幅；在年级主任的带领下，整个年级充满了其乐融融的氛围。这些是日本随处可见的景象，我也曾将这些作为自己的从教目标。

但是慢慢地我开始思考，这些看起来理所当然的事情是否真的有意义？首先，学校为何存在？在我看来，学校是为了让孩子们"更好地立足于社会"而存在的。为此，孩子们必须具备"自己思考、自己判断、自己决策的能力"，也就是所谓的"自主能力"。在社会瞬息万变的今天，我们必须回到"教育的原点"。

重新设计学校

我认为，日本学校现在的教学模式与培养自主能力的目标是背道而驰的。老师们手把手地教，在学生遇到困难时就立马伸手援助。一旦同学之间发生争吵或冲突，班主任就会出面调解，甚至帮助他们重归于好。可是，这样被呵护着长大的孩子，无法独立思考、判断、决定、行动。他们在无法"自主"的状态下长大成人，成年后的他们一旦遇到困难，就会认为是"公司不好""国家不好"，把责任推给别人。

研究表明，很多孩子没有什么梦想，对未来也不抱有任何希望。一些年轻人甚至因不满理想与现实间的差距而自暴自弃。虽说现在的经济形势不错，但仍然存在诸多问题，比如，就业形势不稳定，劳动生产率低，经济差距在拉大等。我认为，造成这种状况的根本原因是学校教育出了问题。因为学校已经忘了其初衷是为了让人"更好地立足于社会"，于是就会出现教学活动与现实社会脱节的现象。

为什么会变成这样？一言以蔽之，这是"手段目的化"所致。譬如国家颁布的教学大纲，不过是一份指导学校教学工作的纲领性文件而已，却被许多老师奉为"绝对标准"。实际上，大部分老师并没有仔细读过教学大纲，他们只是按照教材的编写顺序，按部就班地完成教学任务。也就是说，本应作为培养孩子们能力的"手段"的教学大纲和教材，却被当成了教育的"目的"，成了老师们为之努力的目标。这种"手段目的化"的现象在学校随处可见。"服装指导"就是其中的典型，很多老师并不清楚"为什么要这样做"，却依然一如既往地坚持着。在此，我们必须要思考——是否有必要让老师一味恪守这样的"规矩"？从优先顺序看，它们是否属于学校教育里的上层目标？

"重新审视目的和手段，重新设计学校"——这五年，我一直带着这样的想法在推动学校的改革建设。乍一看，废除作业和定期考试是一项划时代的改革，但在我看来，这不过是我在长期的教学实践中，看清了"目的"的本质，找到了合适"手段"的结果而已。一定有读者想问"这些规矩怎么可能说废就废"。的确，学校里有些"规矩"受法律保护，是不能废除的。但大部分"规矩"只不过是"惯例"罢了。如果校长能抱着破釜沉舟的决心，站在学校的立场认真思考"什么是学校之所需"，那就一定会竭尽所能贯彻执行改革。如果教育工作者都能像这样开展日常教学活动，那么学校乃至社会都会发生变化。

如何构建最合适的"手段"

关键是要勇于打破常规，要着眼于上层"目标"，找到最佳"手段"。说句不怕大家批评的话，学校本身也只是"手段"之一，而不是"目标"。在我担任麴町中学校长的第二年，有个学生来到校长办公室。他是一个立志成为职业围棋手的男同学，我问他有什么事，他愁眉苦脸地告诉我，他被挡在了距离职业棋手仅一步之遥的地方。据他说，有些同龄段的竞争对手请假去参加特训，但他却说不出"我也想休学"这几个字。我非常意外，向来阳光的他竟显得如此纠结和苦恼，那一刻我感受到了他内心的迷茫。

待他说完，我说了这样一番话："上学的目的不是为了'来学校'，而是为了长大成人、融入社会。如果你真的决定走围棋这条路，不来学校也没有关系。但一定要想好，不要后悔。"他似乎被我的话吓到了，可能没想到校长竟会说出"不来学校也没有关系"这样的话吧。我以乒乓球选手福原爱为例告诉他，学习并不是一定要来学校，也叮嘱他凡事都要三思而后行。

三天后，他再次来到校长办公室，他告诉我说："我想好了，我要跟学校请假。"之后，那位学生向学校请了一年的假，然后去中国学习围棋，完成所有训练后，在初三的第三学期又回到了学校。没能在中学时期成为职业棋手难免有些遗憾，所幸在休学期间他并没有荒废学业，毕业后顺利升入了东京都内的公立高中。

后来，他在高一上学期顺利成为一名职业棋手。我依然记得他高中毕业后来看望我时轻松愉悦的神情，妥妥一副自律的大人模样。这是一件特别值得高兴的事。

天生我材必有用

很多人也许会说："如果不是麹町中学，一切哪会那么顺利。"其实不然，麹町中学能做到的你们学校一定也能做到。麹町中学的改革措施是适用于全国所有学校的，其中不少举措也应该在所有学校实施。我只是一个普通人，一直从事着教育工作，没有在公司工作过。大学时做过的兼职主要是家教以及测绘公司的行政管理。非让我说点特别的，也无非是在建筑工地上通宵做过一个星期的帮工而已。就像前文提到过的，我最初是被山形县聘用为中学的数学老师，之后又重新参加考试，成了一名东京都的老师。

最近我发现自己多了个外号——"野路子校长"。这可真是误会大了。我想大家之所以这样叫我，或许是因为挑战传统让我看起来"与众不同"吧。

"您就是那位'野路子校长'吗？"——每次被问到这个问题，我总有很多话想说。就拿近代来说吧。那时的学校总是站在时代的最前沿，老师也都是对社会变化最敏感的人。他们中有些人会选择告别讲坛，反之，也有其他行业的人不断加入到教师队伍中来。他们擅于教书育人，懂得如何与孩子们相处，也深知调动他人积极性有多么困难。术业有专攻，老师应该也必须是育人方面的专家。所以，在我看来，"您就是那位'野路子校长'吗？"这句话是颇有些刺耳的。

本书共有5章。第1章介绍了几项社会关注度较高的麴町中学的改革事例——废除定期考试、废除固定班主任制、废除家庭作业等；第2章介绍了这些改革背后的基本思路；第3章和第4章介绍了麴町中学目前正在推进的工作；在第5章里我阐述了我所设想的学校的未来。各位读者可以从自己感兴趣的地方开始阅读。

学校变，则社会变。在这个瞬息万变的时代，学校应该何去何从？我把自己的想法写进了这本书里，也希望能有幸听到您的想法。

工藤勇一

第1章

从目的和手段的角度
重新审视教育

2013年4月，作为新上任的校长，我在麹町中学做的第一件事就是从"目的"和"手段"这两个方面对学校的教学活动进行重新审视。在本章中，我将对改革目的及其推进过程做具体的介绍，其中也包括了顺利开展的废除家庭作业、废除定期考试以及废除固定班主任制等改革措施。

家庭作业：成了孩子们"为了完成"而完成的任务

全国上下所有学校都会布置家庭作业。如果你问这样做的目的是什么，我想大多数教育工作者和家长会回答"提高孩子学习成绩""培养学习习惯"。然而这些目的真的达成了吗？请设想一下孩子们在家做作业的场景。假设作业是20道数学计算题。成绩好的孩子对每道题已烂熟于心，很快就做完了。而那些不擅长数学或是对数学一窍不通的孩子却只能跳过不会的题，做自己会的，然后第二天交给老师。

"将'不懂'的问题搞'懂'"是培养学习自主性、提高学习成绩必不可少的过程。但是家庭作业却缺少了这个过程。对于懂了的学生来说，家庭作业是浪费时间，对于不懂的学生来说则是一种负担。如果要布置作业，老师必须告诉学生一点：请从不懂的开始做。

从"不懂"到"懂"，必须做好两件事。

一是遇到不懂的问题，要主动查阅资料，或是请教同学或老师；二是反复练习、巩固。巩固的方法有很多，比如抄写、朗读、仔细聆听、关联记忆等。最重要的是找到适合自己的方法，而这种方法将成为支撑自己一生的重要技能。

"请将听写测试里的错别字各写20遍交上来"——这是小学老师经常会

布置的家庭作业。有些同学不会一笔一画地认真完成，为了能尽快交差，他们会要点小聪明，比如先写20遍偏旁，再写20遍部首。在这种情况下，人几乎是停止思考的。重复的动作会让人疲劳，于是大脑就会产生厌烦情绪，只希望尽快交差了事。

日本将棋棋手藤井聪太八段曾问他的班主任："为什么认真听讲了，却还要写作业？"这件事成了当时人们热议的话题。班主任向藤井八段解释了写作业的重要性，藤井也认同了班主任的说法并表示会按时提交作业。我觉得他这个问题问到点子上了。每天在将棋的世界里不断磨练技能、不断追求进步的藤井早已足够独立。对于懂得合理安排时间的他来说，把大量时间花费在作业上实属浪费光阴。

之前曾听人说，在芬兰，"Miksi（为什么）？"几乎就是老师和孩子们的口头禅。他们在讨论过程中如果遇到不认同的地方会立刻提出来；如果发现不合理之处，就会想办法解决问题或改善现状。我想正是因为有这样的好习惯，他们的社会才能进步，劳动生产率才得以不断提高吧。

刚当上麴町中学校长那会儿，我真的是被学生们繁重的作业量给吓到了。不过这其实就是中学的常态。学生们被作业压得喘不过气的样子，着实让人心疼。我对家庭作业的重要性向来是持怀疑态度的。于是，在上任第二年我就提出了暑假作业清零的方针。

之后，我开始分阶段废除家庭作业，到了第四年，我决定"将其全面废除"。

最初，有一部分老师持怀疑甚至反对的态度。这也在意料之中。对此我是这样解释的："说句不怕得罪人的话，老师之所以布置作业，不就是为了了解孩子们的'兴趣、态度、积极性'并据此给出评价（成绩单）吗？

但是，这并不见得是一个有效的方法，作为老师，我们必须更加专业。"

说到这里，我必须提一个不为外人所知的点，学校现行的"评价"已经从过去的相对评价变成了绝对评价，主要是从"兴趣、态度、积极性"这三个角度进行评估。

成绩单不仅要反映出学生对知识的理解度和完成度，还要体现出他们对学习的"兴趣、主动性、积极性"。然而，实践中我们很难对"兴趣、主动性、积极性"这三个看不见的尺度做出妥当的评估。于是，提交作业的次数、课堂举手的次数便成了老师们惯用的标准。

可是话说回来，作为一名专业老师，我们的职责并不是用数字去量化孩子的成长和潜力，而应该从专业的角度进行综合把握。

在家长看来，学校只有布置了作业他们才能安心，因为这会有助于孩子养成坐下来学习的习惯。家长的心情固然可以理解，但我想说的是，我们真正应该重视的不是"学习了多久"，而是"学到了什么"。不能自主学习的孩子，绝对无法成长为一个在工作上独当一面的人。

进一步说，我认为孩子的生活应该张弛有度，在学校就认真学习，回到家就好好玩，譬如听听喜欢的音乐、看看书、做做运动或是放飞一下思绪。

这样一段放松的时光不仅能让心情和思绪得到很好的整理，还能让人收获灵光乍现的片刻，对孩子来说可谓是益处多多。

对"废除家庭作业"这件事，最高兴的莫过于即将参加考试的三年级学生。但是，他们并不是因为"负担减轻、变轻松了"而高兴，而是因为能将自己从无关紧要的低效工作中解放出来。我想孩子们应该早已意识到自主分配时间的重要性了吧。

说了这么多，如果还是有老师执意要布置作业，那他们应该告诉学生："你应该去尝试自己不懂的题目，已经会了的就不要做了。"再强调一遍，"学习"应该是一个将"不懂"的问题弄"懂"的过程，如果不是，那"学习"就毫无意义。

最重要的是，要确保学生在课堂上把每一个知识点都弄懂。我们要建立起学生自主学习的机制，使他们化被动接受为主动探索。不要让作业夺走孩子们自主学习的机会。

定期考试：不要用"某个时间点"的成绩来评估学习成果

接下来我又废除了期中、期末测验这样的常规考试。

有位外校的校长一听到麹町中学要废除期中、期末考试，就赶紧给我打电话确认："工藤校长，你们学校真的要废除常规考试？这样做真的没问题吗？""是真的！"我解释了废除的理由和目的，那位校长虽然很惊讶，但也表示理解。

大家不妨回想一下初高中时的自己。你是不是也曾在考前一个星期疯狂补习平日落下的功课？是不是也曾为突击测验而熬夜苦读？现在的学生依然对这种临时抱佛脚的考前学习模式乐此不疲。

临时抱佛脚虽然能提高考试成绩，但效果并不持久，因为考试结束后大部分学到的知识会被遗忘掉。通过考前突击获得的分数或评价，对学生来说不过是"瞬间最大风速"，用这个成绩来评估学生的学习能力并不妥当。

再者，临时抱佛脚这个"坏习惯"的危害也不容小觑。我自己就是一个典型的例子。虽然手头有很重要的工作，却迟迟不愿动手，拖到最后只得敷衍了事。倒不是为自己辩解，我有时候忍不住会想，我这个坏习惯可能就是上初高中时为应付考试而形成的。您难道想让孩子像自己一样投机取巧吗？

考虑到这些危害，我在上任第二年首先废除了第一学期的期中考试并将一年5次的常规考试改为一年4次。这次改革进行得比较顺利，因为自2002年起学校实行每周五天授课制，为了确保上课时间，其他学校也采取了同样的做法。之后我又废除了美术课的定期考试，将评价方式改为技能或作品考核。然后在2018年，即我上任的第五年，我全面废除了期中考试和期末考试。虽然"全面废除"的消息吓到了不少人，但在我说明了废除的宗旨和目的后，大多数老师都认同了我的做法。

大多数日本初中会在第一学期和第二学期进行"期中""期末"两次考试，第三学期只进行"期末考试"。"期中考试"考5门主科，而"期末考试"则是在主科的基础上，再加上音乐、美术、保健体育、家务技能这4科，一共9科。虽然教育委员会对此并没有硬性规定，但全国所有中学的做法却是惊人的一致。

那么，为什么所有学校都选择采用这种方式呢？

简单来说这也是"为成绩单"服务的。有了考试成绩就方便给学生排名，比如初中使用"5-1"评分模式。可以说，定期考试就是一个方便老师开展工作的机制。

话说回来，用"某个时间点的成绩"来评价学生的学习能力，这样做真的有意义吗？我认为，只要能在7月底之前将5月底的期中考错题弄懂，便可以给他满分。学习不讲速度，但求质量。

考试的目的是什么？毋庸置疑，一定是"巩固知识"。我们也可以从这里看到"目的和手段"的错位。

废除常规考试既不是为了给学生减负，也没有半点看轻期中考的意思。只是我认为，为了让学生顺利升入理想高中，现行的常规考试制度是亟需改进的。因此，为了让每个学生都能有效地提高学习成绩，我决定重构学校的教学体系。具体来说，就是废除常规考试，取而代之的是单元测试。也就是将考试放在单元内容学习结束后举行。比如，"数学"测试可以放在学完"正比例与反比例"单元后，"社会科"测试可以放在"中世纪的日本和世界"单元结束后。

此外，我们还将一年3次的能力测试上调至5次。事先不会公布能力测试出题范围，使之成为衡量学生真实水平的有效手段。

通过这一系列改革，我们看到了学生的变化。他们会通过测试结果来检验自己对课堂知识的掌握程度并且对理解不透彻的知识点进行及时复习。

顺便说一下，如果单元测试的成绩不理想，学生可以申请重考，这样可以敦促学生加强对未掌握知识点的自主学习。通过各个击破、日积月累的学习，学生的实力得以稳步提高。在这个机制的良性运作下，所有学生都能扎实地学好每个单元，不断取得进步。

但是，这里有一个大问题摆在我们面前。那就是成绩单该怎么办。假设所有人都得了满分，那么，当我们采用5分制时，就得给所有人"5"分的评价。

坦白讲，我认为给每个人"5"分是完全没问题的。但当我把这个想法传达给学校老师时，立刻就受到了某位老师的质疑："这样评价真的可以吗？"

我在前面也提过，在2000年左右，日本已经将学校的评价方法从"相对评价"改成了"绝对评价"。也就是说，对每个学生的评价不再是按成绩排名，而是按每个人的目标完成度来排。这种情况下，所有学生都有被评"5"分的可能。但是全国上下，我们找不到一所给所有学生评"5"分的学校。因为首先教委会以"不妥"为由出面干涉，最主要的原因恐怕就是内申点①和与之相伴的保送资格。内申点是按成绩排名来定的，没有了排名，保送制度也无从谈起。可是既然国家已经出台了方针，决定将目前的相对评价改为绝对评价，那就完全有理由给所有人评"5"分。于是矛盾由此产生了。我们学校会根据学生的目标完成度给出相应的评价并将它反映在学生的成绩单上。

自从将定期考试改为单元测试，我们的学生变得更愿意独立思考、更加勤奋用功，花在学习上的时间也增多了。家长常常会高兴地告诉我们"孩子在家变得更愿意学习了"。

当然，随着学生学习效率的提高，他们的学习时间自然会缩短。我们应该看重的不是学习时间的长短，而是学生是否在按照自己的意愿自主学习。

由于单元测试的次数比定期考试要多，所以我们还要注意测试是否会给学生带来太大的负担。如果各学科的单元测试都集中在同一时期举行，而社团活动又不会为了单元测试放假，那么学生很可能会在这种情况下濒临崩溃。因此，这就需要各科老师相互配合，通过沟通协商，对单元测试的日程做出合理的安排。

---

① 内申点：内申分数是日本的一种计算成绩的方法。初中一、二年级是90分满分，初中三年级是135分满分。——译者注

其实不仅是在中学，这种"定期评价"机制早已根植于日本所有学校。就连以培养学生专业素养为目的的大学也是在每个学期定期举行考试。而考试的目的仍然是为了"评价"。可是照这样下去，学生的专业素养怎么可能得到提高？大学应该废除期中、期末考试，重视学生平时的课堂参与度，建立一个以学生课堂发言和讨论等表现为核心的评价机制，这样才能促进学生学到真正能服务社会的专业知识。

改革固定班主任制：建立全员参与的管理模式

废除每个班级一个班主任的"固定班主任制"是我施行的第三项改革。

从2018年起，我们学校不再为每个班级安排固定班主任，而是采用"全员班主任制"，就是让全体老师共同负责该年级的学生。每位老师都有自己擅长的领域，如果能让他们充分发挥出自己的专长，对学生来说无疑是一笔宝贵的财富。于是，我们决定让那些能敏锐感知学生情绪变化的老师、善于和家长沟通的老师、擅长利用ICT（信息通信技术）的老师都参与到年级管理中来，这就是全员班主任制。

我们参考的是"团队医疗"的思路。对患者而言，最好的医疗莫过于心理护理与专业治疗的结合。以此类推，于学生而言，最好的教育应该就是全校老师携手为每个孩子打造的"因材施教"式的教学方案。

反观现行的固定班主任制，其实它是有很多弊端的。

比方说，在固定班主任制下，人们习惯把学生的一切都托付给班主任。对孩子和家长来说，一个班级的好坏往往取决于它的班主任。如果班级出了问题，他们会理所当然地把责任推给班主任，而班主任也会自己默默承担下所有问题。

时下提倡老师要给予学生无微不至的照顾，从学习到生活。近来更有不少学校和教育委员会将"悉心指导""周全照顾"作为学校的卖点。但是，在大人的精心呵护下长大的孩子大多缺乏自律性。同时，在遇到难以解决的问题或麻烦时，他们往往会归咎于周围的人，轻易地把责任推给别人。

固定班主任制让班主任承担了过多的责任。说得极端点，他们似乎背负着班级所有学生的人生，再加上他们特别"希望得到班级学生的喜爱"，使得他们对学生的付出远远超出了正常规定，有时甚至还会走向极端。

自律性差的孩子一旦在学习上遇到挫折，就会把责任转嫁给班主任。学不会就说"老师讲得不好"，忘了东西就怪"老师没说"。班主任为了"赢得孩子们的喜欢"付出了那么多心血，到头来却是这样的结果，真是讽刺。

另外，在"取消固定班主任制"这件事上，我还有另外一个目的，那就是消除学生心中"人生赢家""人生输家"的固有观念。每个年级的教师团队通常由不同年龄、不同资历的老师组成。由于老师的个人能力很大程度上决定了一个班级的实力，以至于分班结果会让孩子们将自己与"人生赢家""人生输家"画上等号。中学的各门课程都有专任老师，情况比小学还能好一些。在所有课程都由班主任担任的小学，学生的这种意识应该更加强烈。

所以我认为，只要具备一定规模并配置有单科老师的学校，无论是中学还是小学，都应该实行"全员班主任制"。我在第4章会介绍到由木村泰子老师担任第一届校长的大阪市立大空小学，它就是这样一所废除固定班主任制、导入"全员班主任制"的小学。

废除了"固定班主任制","尖子班"问题便不复存在。不会再有老师为了提高班级名次而对学生施加压力,教学活动的透明性也得以提高。同时,对学生的错误指导和体罚等现象也会随之减少,教育危机发生的概率也会降低。班级差距过大时往往容易引发教育危机。它和人的幸福感一样,在与他人做比较时,心里的不满就会加剧并容易产生逆反情绪。

另外,有些中学还会公布定期考试的"班级平均分"。这样的信息不仅会让班级之间产生敌对心理,还会助长孩子们的优越感和自卑感。"人生赢家""人生输家"这种固有观念会对学生产生不小的负面影响。家长经常把"分到某某班"叫做"运气好",把"没分到某某班"称为"点子背"。但是大家有没有想过,那些因"点子背"而成为"人生输家"的孩子会是怎样一种心情呢?

我认为取消固定班主任制的意义非常重大,这样不仅避免了班级间的差距,也避免了学生因分班而留下遗憾。

老实说,刚当上老师的头两年,为了让自己带的班级成为"赢家",我拼命努力过,也曾为班级的团结一致而高兴过。

我从来没有过"只要搞好自己班级的团结工作便可高枕无忧"的想法,但不可否认的是,相较于别班的同学,我的确更在乎自己班的学生。还记得在那个刚换完班主任的新学期,有位同学跑过来对我说:"我想进的是工藤老师您的班。"说句大言不惭的话,我当时真的非常高兴。

但是从第三年开始,我的想法发生了转变。

那一年,我和一位比我大7岁的理科老师分在了同一个年级。他思维灵活,不盲从传统,对学校教学有自己独到的见解,是一个非常值得尊敬的人。我和他很合得来。

当时我们年级一共两个班，我和他各负责一个。自从和他共事，我才意识到"即使赢了他们班也没什么值得高兴的"。于是，我不再注重班级之间的竞争，只想着如何才能让两个班齐头并进。同时，我对班主任这个制度有了新的思考。

我们废除了固定班主任制，但保留了班级这个框架。仅是如此，我校学生就发生了显而易见的变化。他们不再在意谁是"人生赢家""人生输家"，也不再拿自己班与隔壁班做比较。他们的变化再次让我确信——班主任就是一个班级的灵魂！

一提到"我们废除了固定班主任制"，立马就听到了质疑的声音。那就让我们来看看制度究竟是如何规定的吧。根据《公立义务教育诸学校班级编成及教职员定额数标准法》的规定，每40名学生（小学一年级只有35名）分配一名教师。因此，一个班最多40人，原则上不存在41人的班级。如果一个年级的学生人数是80人，那么就是40人×2个班，如果是81人，那么就是27人×3个班。也就是说，如果有80名学生，就安排两名班主任，如果有81名学生，就安排3名。在这一点上，全国所有学校都是一样的（当然，也有根据地方政府的规定实施小班教学的地方）。

废除固定班主任制度后如何安置老师则由各学校自行决定。比方说，如果学生有81人，那就至少要设置3个班级，不过老师人数可以自由安排。例如我们学校一年级和二年级各有6名老师，他们分别作为4个班级的班主任共同参与班级管理。此外还有两名外聘讲师协助教学，同时他们也可以参与班级管理。这是和千代田教委协商后定下的制度。

以一年级为例，我们会安排两名老师负责该年级的"班级活动"和"品德课"。但有时只安排一名老师上"品德课"，由他自行备课，然后依次给四个班上课。对学生来说，这样做能让他们与更多老师互动，拓宽他们的价值观。此外，我校的"三方面谈"由家长、学生及他们指定的一名老师共同进行。

推进"全员班主任制"最重要的是做好老师之间的合作。我们学校不仅每周召开一次年级会议，也鼓励老师们在日常生活中互相交流、分享信息。以至于老师们常常会说，全员班主任制让老师之间的交流明显增多了。

无论是家庭作业、定期考试还是固定班主任制，它们在漫长的学校教育史中理所当然地存在着，也没有任何人质疑过它们的合理性。

但是，制度、机制必须与时俱进。

以校长为首的所有教育工作者都应该懂得通时达变。当一个体制不再能满足学校教学的上层目的时，即使它已延续了100年，也要勇于改变它。

认可学生们的行动：举办让"人人都能乐在其中"的运动会

"废除家庭作业""废除定期考试""废除固定班主任制"这三项是所有改革中反响较大的，其实我们做的远不止这些。还有一些是学生经过思考、判断以及学生会内部讨论后，最终决定废除某些旧制。运动会上的"班级竞赛"便是其中之一。废除理由是它不适合作为实现"目标"的"手段"。

这些敢于提出废除"班级竞赛"的学生是很了不起的。学生们在讨论是否废除代代相传的"全体接力赛"时，更是精彩激烈、高潮迭起！

我曾明确地表过态，作为校长，我对运动会的要求只有一个，那就是"要让全体师生都乐在其中"。我对学生们说，我们要让每一个人都开心地参与到运动会里来，无论是对运动会翘首以盼的同学，还是不太擅长运动的同学。

于是，学生们首先就是否举行"全员接力赛"对全年级学生展开了问卷调查。结果显示九成学生的回答是"办"，一成学生表示"不办"。一般在这种情况下，人们会听从多数人的意见，选择"办"。但这一次干事们并没有这么做，他们认为这个问题有待进一步商榷。

他们很在意那一成学生"不办"的理由。在采纳了"原本就不擅长运动，不想跑步输给女生，那很丢脸"等意见的基础上，同学们就如何达成"让全体师生开心参与运动会"这个最上层目标进行了讨论。经过无数次商讨，大家开始意识到"不举行全员接力赛对所有人都好"。于是意见也从最初的9比1变成了0比10。

这是学生们围绕终极目的、持续进行对话协商得来的结果。这个过程也会让他们受益终身。我为做出这个决定的学生们感到无比自豪。

于是问题来了，运动会的目的又是什么呢？

如果是"培养竞争意识"或"评估运动能力"，"班级竞赛"不失为一个合适的手段。但是在我看来，运动会不应该是为了这些而召开。

我校召开运动会的目的是"让全校师生都乐在其中"。为了实现这个目的，从2015年，即我担任校长的第二年起，我便把运动会的组织工作全权交给了学生会。

于是，我们的老师不再把关注点放在行进队伍不整齐、做体操手没伸直这些无关痛痒的小事上。因为他们清楚，自己的任务是协助学生达到最终目的。

学生会和运动委员会以"让每个人都乐在其中"为宗旨精心设计了一个运动会口号："With Smile——听得见'快乐'的运动会"。比赛项目更是丰富多彩，比如"瑞典接力赛"（50米、100米、150米分组接力赛）、"冲浪约翰尼"（漂流木筏）、"台风之眼"（四个人拿着长棍并排跑，然后转杆返回）、"铁锤骑马战"等。比赛方式为"东西对抗"，也就是将班级打散，临时组成东、西两个全新的阵营。

体育不好的学生对运动会是充满恐惧的。他们担心自己会在跳绳或接力赛等项目中拖班级后腿。甚至有学生因为在班级竞赛中的失误而遭到同班同学的批评和排挤。

为了"让所有人都乐在其中"，我们必须顾及体育不好的同学的感受。如果采用"班级竞赛"的方式，那么除了获胜班级，大多数学生都会留下遗憾，这会让体育不好的学生更加自责和内疚，"让所有人都乐在其中"自然也就无从谈起。

于是，三年级学生别出心裁地想到了一个全新的比赛方式：打破以班为单位的传统方式，将学生分成两个临时阵营进行对抗，运动会一结束，阵营自行解散。输了的阵营即使留有遗憾，也不至于影响日后的班级团结。这样每个学生就都能开心地参与其中了。

学校教育一贯崇尚"纪律"和"团结"，我自己也常常会被团结协作的事迹感动。被视为高风险项目的叠罗汉之所以至今仍受到不少学校的推崇，应该也是因为这个原因吧。

橄榄球运动中有一句话："One for all"（牺牲小我，成就大我），这也是已故日本国家队选手平尾诚二先生特别喜欢的一句话。不过他也曾表达过不同看法："如果没有个人的精彩，就不会有团队的胜利。"对此我完全同意。一个要求个人做出牺牲、不能包容个性的组织，不可能真正强大。

另外，我个人很喜欢棒球，我经常和学生说的一句话是："归根结底，棒球并不是团队运动，而是一对一的较量。"投手和击球手的交锋必然是一场"休想打中"和"必中无疑"的当仁不让，这才是棒球最吸引人的地方。如果你感受不到其中的乐趣，那还是不要打棒球了。我们应该把精力和时间放在自己真正感兴趣的事上。

学校的体育教育不是为了提高运动能力或培养竞争意识，而是为了让同学们从运动中收获快乐。运动就像一位老朋友，总是能给自己的生活带来快乐。

我们学校2018年5月举办的那场运动会非常感人。有些同学甚至在闭幕式上哭了起来。到了校歌合唱环节，一名啦啦队队员站上指挥台，开始声情并茂地指挥起管弦乐队。以往大家唱校歌总是无精打采的，可是这一次却在管弦乐队的伴奏下放声高歌，学生们的脸上写满了自豪和喜悦，嘹亮的歌声响彻整个校园。那个场面实在是震撼人心！而这不就是学校教育的原点吗？

在最后的校长点评时间，我只对学生们说了一句话："运动会就该交给学生来办。"这是我有史以来最简短的一次点评，因为除此以外，我无话可说。那真是一段充实又快乐的时光。

我要表扬这届学生，正是因为他们的付出，运动会才能在学生自主承办的第三年就如此精彩纷呈。与此同时，我还要对历届毕业生表示深深的感谢，他们的不懈努力为今天的成功打下了坚实的基础。

学校的目标是否已成了"摆设"

让我们先来思考一下目的、目标该有的样子。

就像上一节提到的运动会的目的，如果它只是一个摆设，那就毫无意义（图1.1）。教育目标是一所学校培养人才的方向，其重要性毋庸置疑。把目标当成"摆设"的学校不可能成为一所好学校。

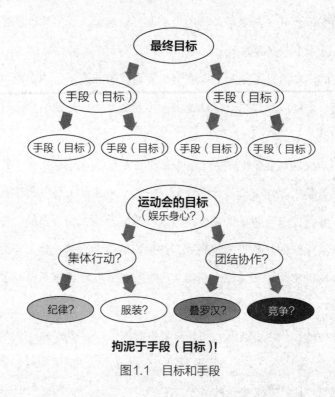

图1.1　目标和手段

在设立目标之前，我们首先要弄清楚一个问题，那就是为什么要设立这个统一目标？

我们学校的最终目的是"创建美好社会，培养优秀人才"。它对人才的要求有三点——自律、贡献、创造，这也是我们学校的"人才培养目标"。

说起来，学校真的很喜欢安排学生立目标。有的老师恨不得让学生在每一个时间节点上都立一个目标，比如新年伊始、放假之前、新学期开学等。想必很多人都见过教室里贴满孩子们写的"学期目标"的场景吧。

孩子们从小学高年级起会开始在意旁人的目光。如果事先知道自己写的内容会被公之于众，又有几个人会将自己的真实想法写出来呢？如果孩子们和班主任的关系良好，同时又有一个让他们愿意敞开心扉的环境，情况或许还能好些。否则，估计一半以上的学生写的都是类似"不丢三落四""不迟到"等无关痛痒的内容。

当然，设定目标这个行为本身是很有意义的。只不过它属于个人行为，我们只需用自己的方法，按自己的节奏定下想要达成的目标就好。不要把它当成任务去做，定好后也不必拿给别人看。

就让我们来看一看孩子们将要步入的社会是怎样一番情形吧。比如，企业需要制定整个公司以及各个部门的经营目标；而公务员则需为年终考核设立一个年度目标，以便在日后检验工作成果，明确目标完成度。这些不仅会被反映在个人的综合评价里，同时也有利于日后工作的改善。

而孩子们在学校设立的目标却与之不同，它往往只是一句"定好就拉倒"的空口号。虽然有的老师坚持认为"设立目标"这件事本身很有意义，但是，这不正是我们所说的"将手段目的化"吗？

学生真正需要的指导

首先介绍一下我在上任第一年参加校内培训时的资料。这次培训的主题是思考"批评的尺度（优先顺序）"。

请从表1.1中的第①至第⑬项中圈出想要予以严厉批评或者实际批评过的事项，可多项选择。我在上课时，老师让我们先自行圈好，然后由他逐条朗读，并要求我们在听到自己的选项时举手。出人意料的是，大家举手的事项各不相同。由此可见，每位老师的批评尺度是不一样的。

表1.1　给批评事项排序

```
① 偷了便利店的东西
② 放学时下起了雨，于是拿走了别人放在门口的伞
③ 把点心带到学校来吃
④ 放学后不值日，偷偷溜回家
⑤ 课堂上偷看漫画
⑥ 跨坐在 4 楼教室的阳台栏杆上和朋友们一起玩
⑦ 逃课
⑧ 嘲笑班里同学是 "残疾人"
⑨ 上课打盹儿
⑩ 联合排挤同班同学
⑪ 和朋友打架，并打伤了对方
⑫ 深夜和朋友在公园里大吵大闹，打扰到了邻居
⑬ 穿违规的衣服上学
```

接下来大家就各自最想批评的事项进行了讨论。我最想批评的是第⑥项。因为这个行为实在太危险了，必须立即制止。我要告诫那个学生："生命只有一次，请珍惜生命。"其次就是涉及人权和犯罪的那几项。

有些孩子会因为上述事项被老师从早到晚训斥个不停。

如果你也这样做过，那就请务必重新思考一下：这样做会对孩子造成怎样的影响？

因为老师的一言一行会对孩子今后的人生观、价值观产生重大影响。特别是当孩子犯错的时候，我们必须谨慎措辞。在进行批评教育之前，老师应该认真思考两个问题：其一，孩子的行为是否需要纠正？其二，孩子是否犯了原则性错误？

我经常和老师们说："不妨把无关紧要的事情和必须严肃处理的事情区别对待。"如果是无关紧要的事，那么稍作提醒就好。反之，凡是涉及生命和人权的事以及带有歧视或暴力倾向的行为，则必须严肃对待和处理，让

学生们从中体会到一个人言行的重要性。

很久之前，有位老师带着一名学生气势汹汹地来校长办公室找我。问他怎么了，他说发现学生在放学回家的路上"买东西吃"，于是就把人带过来了。我觉得这不是什么大问题，简单和老师聊了几句后便结束了。虽然学校当时的确规定"不准在上学途中吃东西"，但毕竟只是一件小事，没有必要大动干戈！

对于学校的这条规定，有些老师是这样和学生解释的："如果允许在上下学的路上买东西吃，你们就会把钱带到学校来，这容易引发盗窃事件。"然而，带钱来学校和买东西吃之间虽然存在因果关系，但本质上却是两码事。

再说了，"不让带现金"不见得就能解决"盗窃"问题。如果老师发现学生有偷窃行为，就必须让他认识到错误，杜绝再犯。

老师总喜欢依照惯例来指导学生，而不考虑教学重点和最终目标。服装指导就是这样一件事。很多学校以"外表是内心的真实写照"为由要求对学生进行服装指导。

麹町中学以前对服装也有非常详细的规定。比如，裙子要"遮住膝盖"，袜子要"纯白无花纹"，对妆发的规定也是细致入微，"不允许烫发、染发、脱色、抹发胶、戴发饰、修眉、化妆、做美甲等"。

这些都属于公立初中的标准规定，和其他学校并无二致。但现在我们学校删减了大部分与服装相关的规定，仅留下了"头发要保持清洁，发型要自然，要有学生的样子"这一条。

话说对服装的规定真的那么重要吗？很多学校会以"太花哨"为由禁止学生穿红袜子，但这不过是主观感受上的问题。对于金发、耳环，不同国家有不同的理解。麴町中学对服装、头发不进行指导这件事或许让你感到难以置信，但在我们看来，服装和头发早已不再是一个问题。

去年，麴町中学已将服装、发型的规则制定权交给了PTA[①]。由PTA内部成立专项小组，从经济性和功能性这两方面对相关规则进行讨论和决策。早前PTA已经对书包、夏装等规定做出了一些修改。在一系列变革的推动下，学生会也开始主动配合PTA的工作，与其一同探讨校服问题。

2018年9月，为了集思广益，老师、学生、校服评审委员会成员、PTA干部以及公司代表等聚在一起，就麴町中学的校服问题举办了一场研讨会。会上就"是否定制校服"做了问卷调查，并且播放了一名转学到阿联酋首都阿布扎比的学生发来的视频。视频里这位同学讲道："我们学校的学生来自68个不同的国家，我们班15名学生的国籍也各不相同。不过我们互相尊敬，相处非常融洽。因为这里是伊斯兰国家，所以一到礼拜时间音乐就会响起，大家都朝着同一个方向祈祷。我也和大家一样。"

在研讨会上，一位信仰伊斯兰教的女学生说，"我很喜欢校服，但是希望它不会影响希贾布（覆盖头部至背部的布）的佩戴，否则就麻烦了。还有校裙一定要是长裙。我不想因为我的伊斯兰穿着而被误认为是外国人。"大家踊跃地现身说法，积极地交流意见，最终对很多事情达成了共识。大家可以有不同的意见，但是每个人的意见都应该得到重视。最重要的是要二者兼顾。

让我们把时间再往前推一点。在2018年7月，学生会举办了一场为期

---

① PTA：Parent-Teacher-Association，即家长–教师联合会，是日本家长们非常熟悉的家校互动组织。不同于中国传统的家长会，在PTA组织中，家长既是参与者，又是组织者。PTA的家长们经常联合学校老师，调动各种优势资源，有组织、有计划、分主题地为孩子提供各种锻炼综合能力的活动。——译者注

10天的"学生可以穿便服上学"活动。活动举办期间，虽然很多学生都穿着便服上学，但还是有不少学生选择穿校服上学，大家似乎已经意识到了校服的便利性。

还有前面提到的歧视问题。有些学生和朋友聊天时会随口说出一些带歧视性的词语。我认为像这种无意间给别人带来伤害的行为是更加不能原谅的。我打算给刚入学的一年级学生开设一门道德课，讲讲生命的宝贵和歧视的危害，告诫大家珍爱生命，尊重他人。另外，这门课还会讲到人的心理问题和行为问题（关于这一点，后面会详细介绍）。

培养学生的"他人意识"

在这里，我想以作文辅导为例，谈谈他人意识的重要性。在与人交谈之前我会先认真思考两个问题：对方感兴趣的是什么？以什么样的顺序说才能让对方理解？然后再去组织语言。这个过程非常重要。

还记得教室后面的黑板报吗？它就像一份给班里同学看的报纸，很多班级都会定期更换内容。可实际上很多同学都对它置若罔闻。另外，有些班级还会让孩子们在年初写一张"自我介绍卡"，并贴在教室里。这些卡片本就没几个人会看，再加上害怕被同学嘲笑，于是大家都只写一些无关痛痒的内容。

无论是黑板报，还是自我介绍卡，这些都是手段目的化的典型例子。

出黑板报时，大家只在乎"互相配合、共同协作"，却忽略了"读者需求"。再者，如果写"自我介绍卡"是为了增进班级成员间的了解，那么比起张贴卡片，开展类似"遭遇小组"①这样的活动，效果也许会好得多。

同理，在写作文时，要一边想着"读者是谁"，一边在文章的开头和结构上下足功夫，这样写出来的文章才能引起读者的兴趣。只有具备了这种"他人意识"，才能写出有感染力的文章。但是孩子们在写作文时一般想的都是"如何得到班主任的表扬""如何得高分"或者"如何不挨骂"，很少会有"他人意识"。只要加强这方面的意识，提高写作能力和表达能力一定指日可待。

我看到市面上有芬兰国语教科书的日文版出售，于是就买了本来读。原来人家从小学开始就已经在训练学生带着"目的意识"和"他人意识"写文章了。在那套教科书的五年级用书里，有一个单元叫"如何写游记"，里面分阶段讲解了少年写暑假游记的过程。依次是确定主题、收集材料、构思结构，然后写作文，最后推敲誊写。

特别值得一提的是讲"构思"时的引导内容。这部分最开始就抛出了一个问题："大家对什么事情感兴趣？"问题下面还附有这样一段说明："最初想从旅行准备开始写，但这样吸引不了读者的兴趣，于是就改从其他角度着手了。"从这里我们可以看出，在这所学校，读游记的不是老师而是朋友。

语言，只有言之有物才有价值。所以，如果别人对你的文章无感，你要做的不是责怪别人，而是修改文章。当一个人无法将自己想要表达的事情传达给对方时，是责怪对方没有理解能力，还是从自己身上找原因，这从根本上决定了能否写好一篇文章。

---

① 遭遇小组（Encounter Group）：这个概念主要源自人本主义心理学家卡尔·罗杰斯。遭遇小组活动是一种提高自我意识的方法，它通过在群体中谈论自我，解决在生活中常碰到的问题。——译者注

我们应该从小就教导孩子：如果言之无物，再优美的文字都是空谈。

盲目信奉国外的教育理念然后对其生搬硬套是不可取的。同时，也不必拿自己国家与其他国家比较然后妄自菲薄。无论是国外的还是本土的，只要是好的理念或方法，我们都应该积极拿来为我所用。

另外，我还想说的一点是，为了提高阅读理解能力，有些学者极力鼓吹多读书，但我却认为一味地鼓励多读书其实并不妥当。

美国著名演员汤姆·克鲁斯先生曾公开表示，自己是失读症患者（读写障碍），无法读剧本记台词。所以他都是先请别人把台词读给自己听，然后自己再努力记住。汤姆·克鲁斯先生正是通过这样的方式向我们展现了他出色的演技。而他对媒体的坦诚也让我十分动容。

学校有各种各样的学生。不擅长读写的孩子不仅可以像汤姆·克鲁斯那样，通过听的方式学习如何与人交流，还可以借助ICT（信息通信技术）的力量，找到最适合自己的学习方式。

重视行动教育

开展心理健康教育是为社会培养身心健康的人才的有效方法，心理健康教育的重要性毋庸置疑。然而，在实际的人才培养过程中，我们往往又会忽略掉这一点。

奈良的药师寺已经成了毕业旅行的必去之地，我记得那里的大师曾说过这样一段话："态度决定行动，行动也可以改变态度。如果听课时心里想的是'没意思，很无聊'，那么不知不觉就会打起瞌睡来。因为吊儿郎当的态度会反映到行动里。反之，即使睡眠不足、疲倦不堪，只要抬头挺胸，端正姿势，注意看黑板，自然就能精神抖擞地投入学习。"

"态度决定行动，行动改变态度。"药师寺大师的这句话点明了态度与行动之间的密切关系，真是妙不可言。

人有时会有特别强烈的"自我意识"，特别是在中学阶段。要想在这个阶段实现自我成长，关键是要正视自己并对自己的人生进行深入的思考和规划。可如果自我意识过于强烈，即使心里想着要好好表现，往往也会因为太在意别人的看法而变得畏首畏尾。事实上，有些在学校表现突出的学生，难免会受到其他学生的指指点点："知人知面不知心""他都是装出来的"等。可是老师们一定要记住，"让学生表现好"才是我们的目的，不必过于在意他们的内心活动。

我们来看这样一个例子：有两个完全相反的人。一个是"打心底里想做点好事，却因为太过在意别人的看法而不敢付诸行动"，另一个"也许是别有用心，但各方面的确都做得非常不错"。那么这两个人究竟谁更优秀呢？答案不言而喻。要知道在旁人眼里，一个人的为人就是他在日常生活中表现出来的一切。人的内心本就复杂多变、难以捉摸，我到现在也没搞清楚自己是一个什么样的人。

我们应该鼓励发展个性，包容不同的价值观和想法。我想对学生开展"行为教育"，想让他们意识到行为的重要性。

孔子在《论语》中说过："七十而从心所欲，不逾矩。"（七十岁能随心所欲而不越出法度。）

就连孔子这样的圣人，到了70岁还在有意识地规范自己的言行。在人生最后的阶段还做着这样的努力，着实让人钦佩。

如前文所述，我每年年初都会给全体一年级学生上道德课，给大家讲讲珍惜生命、人权以及不能歧视他人的重要性。一堂课或许并不能彻底消除孩子们心底的歧视，但至少可以让他们知道，任何人都应该约束自己的言行，不去歧视他人，这才是最重要的。

"大家要和睦共处"这句话常常被幼儿园、托儿所、小学奉为心理健康教育的金句名言。可实际上，这句话让那些不擅长沟通的孩子叫苦连连。请老师们务必注意，千万不要因为自己觉得好就时常把它挂在嘴边，这样做只会让孩子产生逆反情绪。要记得告诉我们的学生："人与人和睦相处绝非易事。"

手段目的化：学校教育存在的问题

从目的和手段的角度重新审视现行的教育活动，这是麹町中学改革的第一步。我在第1章里介绍了改革的内容，在这一章我将进一步深化对学校教育改革的探讨。

学校为何存在

我在麴町中学推行的改革举措不仅适用于学校，也适用于其他教育组织。

改善现状的关键是，在对"目的与手段不匹配""手段目的化"等问题进行整改后，对"目的"进行再确认，并重新构建最合适的"手段"。纵观当前的学校教育，目的与手段不匹配的地方自不必说，手段目的化的情况更是比比皆是。我一直在想，难道是大家察觉不到这些矛盾？或者他们选择对此"视而不见"？可这么做又是为什么呢？我们必须对目的与手段的匹配情况进行彻底的验证。因此，首先我想回到"学校为何存在？"这一最根本的问题上，与各位读者一起来思考和探讨。

正如"前言"所写的那样，学校是为了让人"更好地立足于社会"而提供学习机会的场所。而社会的进步与发展靠的也正是这些在学校学习的孩子们。但是一定要注意，"来学校"只是为了更好地立足于社会的"手段"之一。与社会建立联系的方式还有很多，学校不是唯一的学习场所，条条大路通罗马，如果由于某种原因不想去学校，那也没有关系。相反，即使在学校学完了教学大纲中规定的课程，并通过死记硬背在考试中取得了好成绩，也不见得就能在社会上立稳脚跟。希望大人在这一点上能更开通一些。

在担任麴町中学校长的第一年，我利用平日的晚上和节假日等空闲时间，约谈了所有不来上学的孩子和他们的家长。如果有不愿意来学校的，我就去他家里谈。其中就有这么一个常年宅在家中、不肯来学校的学生，约谈时他一脸紧张，而我是这样和他说的："不想去学校也没关系。想上高中的话，现在开始准备还来得及，没什么可担心的。"

或许是没想到校长会对自己说"不想去学校也没关系"这样的话吧，他当时看上去有些错愕，不过面谈结束时，他已然平静了很多。

经过几次面谈，那个学生不仅走出了家门，还独自去坐了电车，这是他之前想都不敢想的事情。后来，他去参加了学校说明会，并升入了理想的学校。一路上他都是按照自己的意愿开拓着前进的道路。考试合格后，他每天都去学校，再也没有旷过课。升学后不久他就过来找我，兴高采烈地和我分享学校的情况和自己的近况。

那些不肯去学校的孩子和他们的父母也许会把问题归咎于某一个人，并对他充满怨恨，同时他们又处在深深的自责中。而我想告诉他们的是："请不要再自责了。你不需要做任何改变。"

通常来说，不肯去学校的孩子的母亲大多都特别痛苦。她们会将责任揽到自己身上，并不断地自我责备。精神崩溃后，又会把情绪发泄到丈夫、家人或者任何一个外人身上。遗憾的是，母亲的这种行为反而会进一步刺激那些不肯去学校的孩子。孩子会更加自责，甚至责备别人或者母亲，从某种意义上说，这也是他们稳定情绪的一种方式。

一个只会怨天尤人的人，他的自律性也不会高。所以，首先要做的就是放下对自己和他人的抱怨。

学校是提高学生"社会生存能力"的地方。它的职责是培养和维护孩子们的学习热情、为每一个人提供学习保障。如果学校做不到这些，那学生不妨去寻找其他的学习方式。不肯去学校的原因有很多，麴町中学未必都能妥善处理。但我们的老师至少要明白学校不过是诸多学习"手段"中的一个。只要认识到这一点，"不肯去学校"就不再是一个社会问题。我甚至认为，只有当周围的大人们能以平常心对待不肯去学校的孩子时，我们的社会才能称得上是一个好社会。

那么，为了让孩子们更好地立足于社会，作为"手段"之一的学校应该发挥什么作用呢？社会中的人情往来和生意往来是需要技能的。学校的任务就是培养学生牢牢掌握这些技能。简单说来，学校的任务大致有两个。从老师的角度来看：①教什么（课程内容），②怎么教（教学方法）；从学生的角度来看：①学什么（课程内容），②怎么学（学习方法）。

关于这一点，我们有必要回顾一下历史。日本现代学校的雏形是在明治维新以后形成的，让我们回到更早的江户时期，一起来思考"教育"这个问题吧。

我认为江户时期寺子屋的教学内容和学习方法是非常合理的。

它的"①教学内容"以"阅读""书写""珠算"为主，与社会中的人际交往以及生意往来所需的知识和技能息息相关。武士的孩子自不必说，就连商人、工匠、农民也会让孩子去寺子屋学习"阅读""书写""珠算"，然后早早走入社会，挣钱养家。

其"②教学方法、学习方法"则以"自学和互助"为主。不同于现在的班级授课形式，老师不会同时教很多人，学生们遇到不懂的就互相问，大家在教与学的互动中开展自主学习，和日常生活并无二致。也就是说，孩子们在学校的学习方式和大人在社会上的学习方式是一样的。那时候没有填鸭式教学和死记硬背，也没有人会强迫学生"做这个""学那个"。

学习是自己的事情，遇到不懂的就去调查、思考，实在搞不明白就去问别人。"对话"是当时课堂上的常态。正可谓"学习模式"即"生存模式"。

大人能从日常工作中学到很多东西。学校的老师也是如此，新手老师通过与资深老师的口头对话习得宝贵的教学经验。除了进修或培训，我们不会为了学习工作技能而走入课堂。在公司工作的人也是如此。

新教学大纲要求学生开展"活力型学习"（主体型和对话型的深层次学习）。

我认为在"学习"这件事上，本就应该化"被动"为"主动"，因为人在社会上的谋生方式就是"主动学习"。其实"一方站着讲一方坐着听"的场面在社会中并不多见，通过"对话、发出信息、接受信息、达成共识"来解决问题才是社会常态。因此，学校应该为学生提供应对这种"常态"的学习机会。

再说回江户时期的教育。在课程设置方面，由于地方分权，过去的藩校①是各自独立、不受幕府控制的。为了促进经济发展，各藩争先恐后地招贤纳士，开展自主独创式教学。教学重视实际生活中的知识和技能，注重在日常教学中提高学生解决问题的能力。这应该就是明治维新以后优秀领导辈出的一个主要原因。

寺子屋虽然是私立教育机构，但入学率非常高，江户等地自不用说，就连一些小城市和农村地区也有很多孩子就读。它的入学率之所以这么高，

---

① 藩校：日本江户时代至明治初年藩政时代各藩经营管理的学校总称。——译者注

是因为它是当时公认的"提高社会生存能力"的最佳手段。

据说江户时代末期日本民众的识字率非常高。这和寺子屋推动知识与技能在全日本的普及是密不可分的。也正是因为当时打下了良好的文化基础，才有后来明治时期奇迹般的工业发展。

然而自明治维新后，日本以西方教育制度为范本，建立了全新的公共教育制度。由老师进行班级统一授课，并将学校课程改为学科教学。这直接导致教学内容与社会生活严重脱节，孩子在学校的学习生活状态、学习内容和意义等也无法得到家长的认可。那段时间学校的入学率相当低迷。

孩子们不去学校，大概是因为明治时期的学校已不再是帮助他们更好地立足于社会的合适手段。近年来，不肯去学校的学生人数呈上升趋势，情况也变得更加复杂。这也许就和明治时期一样，是学生们找不到上学意义的表现。

灵活使用教学大纲

接下来，让我们从"学习内容（课程设置）"和"学习方法"这两个角度来思考一下当代学校教育。

日本颁布的教学大纲是全国统一的课程标准，大致每十年修订一次，里面围绕如何提高孩子的"社会生存能力"，对每个年级、每门学科的学习内容和学习顺序作出了具体的规定。

学校要做的就是灵活运用教学大纲，让孩子掌握必备的知识和技能。不过在我个人看来，现在的课程内容实在有点太多，不妨将其精简到当代社会要求的最低限度。

绝大多数的教育工作者更在意如何在规定课时内完成教学大纲规定的

教学内容。几乎没有人会根据不同地区以及孩子的实际情况来灵活安排教学计划。

比如，一些位于离岛或人口稀少地区的学校，一个班可能只有2–3名学生。像这样的小班比30–40名学生的大班讲课进度快，也不必按照教科书进行统一授课。可以在个别化教学[①]的基础上，导入分组调查等学习方式，开展全方位、多元化的教学模式。

但实际上，还是会有老师站在黑板前统一授课。他们的理由是：就算提前把教科书讲完了，也不能教下一年级的内容，那不如就按着教学计划一章一章往下讲好了。

的确，在日本的中小学，即使提前学完了书上的内容，也必须等到下一学期开学才能收到新的教科书。虽然如此，我们也不必拘泥于统一授课的形式。如果时间充裕，不妨跳出教科书，尝试一下其他的学习形式，比如调查单元学习与现实社会之间的联系，或者走出校园，走入社区，去学习书本上学不到的知识。

这不过是其中一个例子，类似的情况还有很多。

很多老师和教育工作者都被教学大纲束缚住了想法、遏制住了想象。他们一心只想着如何把教科书教完，却忘了思考一个更重要的问题——眼前的孩子们究竟需要具备什么样的能力才能在社会上立足。大家一边喊着"忙死了，忙死了"，一边又在漫无目的地做着教学安排。最后每周的班级活动成了老师们的负担，办公室里讨论最多的就是"这个星期的班级活动搞什么好？"学习指导要领最终带给老师的却是束缚，这是何等的讽刺。

---

① 个别化教学：指教学方法个别化，当同一教材、教法不能针对班级教学中学生的程度差异时，为顾及个别学生能力、兴趣、需要及可能遭遇的困难，教师须在教学过程中特别设计不同的教学计划。——译者注

早在2018年，日本就出台了新教学大纲，标榜的是"面向社会的教学课程"（比起"让学校面向社会"，我更希望它是一套与社会生活紧密相连的教育课程，所以我愿意称之为"与社会无缝对接的教育课程"）。毋庸置疑，麹町中学的教学目标与新教学大纲的方向是一致的。可让人难以置信的是，教学大纲却成了开展"面向社会的教学课程"的一个阻碍因素，因为它的存在会让老师忘记在教学活动中进行创新尝试。

其实在使用教材授课时，老师也有很多可以自由发挥的空间。比如，根据孩子的实际情况增加教学内容，或者加强备课，根据教材内容设计出不同的教学方法等。

统一全国学习教材的出发点肯定是好的，但很大程度上教学大纲的存在的确限制了学校的自由。你看现在的校长和老师，包括我自己在内，都无心在教学上"开动脑筋"，这不就很能说明问题了嘛!

为什么要做欺凌调查

日本文部科学省每年都会做"欺凌调查"。媒体也会报道调查结果，告知公众欺凌事件是增加还是减少了。有些人看到报道后担心校园欺凌会愈演愈烈，于是会去质问学校和教委。

然而，做欺凌调查的目的是什么呢?

很多人认为是"为了确定欺凌事件的案件数量"，但这只是次要目的。做欺凌调查的主要目的是挖掘出看不见的"隐形欺凌事件"，拯救那些正在遭受欺凌的学生。我们是教育工作者，不是评论家，不必因数值的变化而忽喜忽悲。

之前在新宿区教委担任教育指导员时，一位区议会议员曾问过我这样一个问题："欺凌调查的结果显示，案件数量是呈上升趋势的，对此，你们教委怎么看？"

我是这样回答他的："这个数字应该还只是冰山一角。做欺凌调查不是为了掌握欺凌事件的案件数量，而是为了帮助那些深受人际关系困扰的孩子。了解并掌握孩子之间的矛盾，作为老师和学校，我们责无旁贷。要知道在每一个数字的背后都有着一位或者数位正在遭受欺凌的孩子。但是除此之外，可能还有很多孩子正遭受着欺凌却不为人所知。所以说，孩子们之间的矛盾能否定性为欺凌事件其实并不重要，如果他们能自行解决彼此间的矛盾，那当然是再好不过。然而有些矛盾，他们不仅无法自行解决，甚至还会从中受到很大伤害。因此，值得我们仔细斟酌的是，孩子是否能自行解决矛盾？如果不能，我们应该给他们提供什么样的帮助？新宿区教委将一如既往地秉持这一态度去做调查。"

让我高兴的是，当时新宿区区议会不仅对我的发言给予了充分肯定，还做出了全面批示。同时，作为其中一员，我也为区议会的态度感到自豪。

欺凌调查只是"发现和处理欺凌行为"的一种手段。如果拘泥于"手段"本身，只关注数值的增减或一味地追究原因，就会因迷失而忘记原本的目的。

将问题转化为学习契机

此外，"手段与目的不一致""手段目的化"等现象在日常的学校教育中也屡见不鲜。

比如，有两个同学打架了，那么在处理这个问题时，我们的目标是什么？很多老师可能会回答："让两个人重归于好。"

可如果目标是"让两个人重归于好"，老师就会为了表面的和解而去积极调解，比如让学生相互道歉，握手言和等。我在现实中就见过很多这样的例子。当然，在老师的调解下，表面上问题是解决了，而实际上却是治标不治本。

这里的关键是"如何将问题转化为学习契机"。这才是最上层的"目标"。此外还要特别注意，在孩子们"将问题转化为学习契机"的过程中，切忌过度介入和干预，这样才能获得学生更多的信任。

也就是说，应当把重点放在"让学生主动和解"上。问题是发生在学生之间的，不要让他们觉得周围的大人或老师会帮忙解决，应该让当事人双方自己去面对，否则就剥夺了他们自行解决问题的宝贵机会。

如果是极为严重的矛盾冲突，以至于其中一方"无法原谅"另一方，那么我们有必要提醒学生"如果一直对这件事耿耿于怀，你将为此吃更多的苦"。在认识到这一点后，孩子们就会自行思考该如何去做了。

现实社会中充满了矛盾冲突。人多了自然就会有不同意见。有分歧很正常，这并不是什么坏事。关键是如何解决这些矛盾冲突。如果没有解决问题的能力，就会为了规避矛盾而不敢表达自己的意见，或者双方的关系会因为矛盾的产生而戛然而止。

我相信孩子们天生就有自行解决问题的能力。当学生之间发生矛盾冲突时，老师不妨做一个用心观察的"看客"，切忌过度干涉。因为他们不久后就会言归于好。老师要做的只是从旁守护，在适当的时间给予适度的帮助。当孩子遇到无法独自跨过去的坎儿时，大人一定要助他们一臂之力，帮助他们勇敢地跨过去。

每当学生惹了大麻烦，学校就会把家长"请"来学校谈话。为了让家长和老师保持统一战线，我首先会对家长说这样一番话："我知道这个年龄段的孩子不会因为家长的几句话就轻易发生改变，可是，现在正是给他们上一堂人生课的绝佳机会。我们必须把握好这个机会。而把你们请过来是想一起商量下对策。"

之后，我把在另一间房里等着的学生叫来校长室。当我告诉他家长和老师都会帮他时，他的神情也变得轻松起来。这里最关键的一点是，家长必须具备"当事人意识"，而不是一味地指责学校。

从老师的角度看，大部分老师只想着尽快让双方表面上言归于好。可是这样做不仅会让孩子失去独立解决问题的能力，还会助长他们一遇到问题就想着找人帮忙的依赖心理，甚至发展成在问题得不到解决时把责任推卸给别人，认为"时机未到""都是周围人的错"等。就连好心劝和的老师都会受到牵连，被指责"调解没到位都是老师的错"。这是绝对不行的。

培养学生的领导力

近年来，"领导力培养"成了备受重视的教学课题，同时它又是一个非常难的课题。因为如果老师过分追求共性，要求孩子们诸事服从，就无法培养他们的领导力。

学生们常常会向我倾诉当领导的难处。

有一次，有个学生来找我诉苦："他们谁都不听我的，没人支持我的工作。"

"该如何鼓励眼前这个认真努力的孩子呢？"我绞尽脑汁冥思苦想时，脑海中呼地闪现出这样几句话："那倒也是。人本来就是不听人指挥的。但是只有当那些不听指挥的人对你言听计从时，你才算得上是真正的领导。

不过啊，没有哪个人一开始就能这么厉害。"

听完我的话，他似乎松了一大口气。

"所以，要想让别人听你的指挥，必须事先做好'战略部署'。这就需要你花很多心思去了解彼此，并且要掌握好分寸，懂得在适当的时机说适当的话。"

几句临时想出来宽慰学生的话，也成了我给自己敲的警钟——既然对学生说了这番话，那自己也必须做到。时至今日，我仍然会想起当时的场景，这几句话也成了我日后从事教师工作的行为准则。

我们身处一个多元化的社会，新时代的领导人应该具备较强的组织协调能力。社会上有很多不擅长社交、不善于沟通的人。作为一个领导人，首先要能够对其全盘接受，然后要冷静思考，从容应对。

一个追求共性、排斥个性、试图通过引导教育的方式去改变别人的领导是绝不可能成功的。要想培养出优秀的领导者，老师首先要承认人的多样性，并改变自己的教学方法。

在教导学生时，老师们总喜欢追求形式上的"达标"。

比如，在召集孩子们来体育馆开会时，老师经常会大声发出指令："排好队！""保持安静！"然而，孩子们并不理解这样做的意义。他们之所以会排好队并保持安静，仅仅是觉得"老师生气了"或者"嫌老师太烦人"。

这样一来，"形式上"的确是达标了，可孩子们却被剥夺了思考"安静聆听的意义"的机会。他们之所以会坐下来、之所以会保持安静，不过是听从老师的指挥而已。这样是无法让孩子养成聆听的良好习惯的。

我认为，在进行领导力培养时，老师们必须选择适当的语言来教导孩子"安静聆听"。不过，孩子们之所以会态度不认真，实际上是说话人的问题，可能是内容很无聊，又或者是无法让孩子产生共鸣等。在生活和工作中，没有人会因为对方不听自己说话而去提醒他。如果是孩子们感兴趣的内容，他们自然会认真聆听，根本不用老师提醒。要是有学生在喧哗，别的学生自会予以制止。

修改不合理规则

公立学校的教职员工每十年会全员轮换一次。所以，很多规章制度究竟是由谁而定，又是为何而定，这些都会变得无从考究。举个例子，我刚来麹町中学任教时，发现学校明明设有自行车停放处，却规定"家长不得骑自行车来学校"。很是让人费解！我去问了在麹町中学待了很长时间的老师，但是他也不是很清楚。于是我决定采纳家长们的意见，将规定修改为"家长可以骑自行车来学校"。

再说一个例子。学校允许学生冬天穿毛衣来上课，但同时又规定"上课时不能把毛衣穿在外面"。为了遵守这个规定，学生们会在毛衣的外面再套一件校服。试问，这样的规定有什么意义？另外还有这样一条规定：上完游泳课后，"不能为了弄干头发把毛巾搭在头上或肩上"。于是学生们只好穿着湿漉漉的衣服去上课。对于这些不合理的规定，我实在看不下去，于是立刻把它们全部废除了。

规章制度也要与时俱进，我们应该对这些滞后的规则和机制进行及时的修改和完善。然而，学校总是偏于保守，喜欢遵循先例。这样的奇葩规则往往会保留很多年。

其实教育行政部门的情况也是如此。

比方说，学校的代课老师一般不会管课堂之外的事情，因为他们的工资是按课时计算的。当然也不会让他们当班主任或者负责社团活动。大家对此表示很无奈，"考虑到工资制度，也就只能维持现状"。

代课教师大多是想要考编制教师岗的"复读生"，他们一边教书一边为下次考试做准备。既然他们的目标是当老师，那么班主任和社团活动方面的工作经验对他们来说无疑是极其受用的。另外，教师编制考试包括面试和小论文考试等环节。如果代课老师只能讲课，不能担任班主任，他们就失去了宝贵的实践机会。此外，让干劲十足的代课老师参与更多的教学活动对学校来说也很有意义。

为了解决这个问题，我去请示了区教委。万幸，区里修改了相关规定，同意让代课老师参与教学以外的校务工作。这样代课老师就能够更多地参与教学和与学生互动。这样的改变给学校和代课老师都带来了好处，真可谓是皆大欢喜。

还有这样一件事儿。我在新宿区教委担任教育指导员时，曾收到某校文员工会的申请，希望教委能增加用于雇用助理的预算。理由是到了忙季工作做不完。我们应其要求增加了预算，结果却发现每所学校的预算支出执行进度不同，有些学校甚至存在财政资金闲置的情况。

与此同时，保健教师委员会也提出，希望能在体检繁忙期增设雇用助理的预算。另外，副校长委员会也提出了"增设雇用校务助理预算"的申请。

鉴于这些申请分属不同部门，我对此事做出了如下部署。首先要求学校对各部门的预算申请进行统计。然后教委依据各校的统计金额划分预算，学校可灵活对其进行分配。这样一来，学校就可以根据自己的实际情况，采取最优的分配措施。比如，有的学校可以用这笔预算雇用文员，有的学校则可以用它来雇用校务助理。这样一来，预算的执行进度也得到了提高。

在日常工作中，我们应该时常对照最上层目标，判断现行的规章制度是否合理。在遇到问题时，要看清问题的本质，判断事情的轻重缓急，并及时做出处理。

在担任区教委教育指导员时，我常常把这些话挂在嘴边："无论学校遇到什么问题，教委都是学校的坚实后盾。如果问题的解决方案与现行的制度存在冲突，那就应该修改制度，而不是受其束缚。这是教委的工作。另外，修改制度是有优先顺序的：①为了孩子，②为了家长，③为了区民，④为了学校和教职员，最后是⑤为了教委。这一点绝对不能弄错。"

如何看待"问题行为"

教育界经常会就儿童的"问题行为"展开讨论。面对像"小一问题"这样的层出不穷的新现象，文部科学省也在积极寻求解决方案。

所有偏离理想标准的行为都会被归类于"小一问题"，这个标准是由专家为一年级学生所设定的。很多存在于学校教育里的"问题行为"其实不过是大人觉得有问题。就像大人会把头发、服装指导、不肯去学校等视作"问题"一样。然而，从个性发展的角度来看，它们根本算不上什么问题。"不肯去学校"之所以被视为问题行为，是因为它违背了"学生就该去学校"这条普世价值观。倘若只把上学当作成长的手段之一，恐怕"不肯去学校"这个词也就不复存在了。

只要不把某种行为当作"问题"来看，它就不是问题。我们应该从这个角度来看待孩子的成长。即使孩子有做得不好的地方，也不过是成长过程中的一个瞬间而已。有些问题是可以通过改变周围环境来解决的。每个孩子的生长发育各不相同，我们应该"因材施教"。"坐不住"是一个典型的"小一问题"。但可能我们只需稍作改变，比如换把椅子，换个位置，或者缩短坐在座位上的时间等，这个问题就不存在了。你是否意识到我们在课堂上的一声"坐下"会伤害到孩子的自我肯定感？遗憾的是，这些大人以为的问题（也许是"幻想"）一直折磨着孩子，以及"信其有"的大人。

我第一次强烈意识到这一点是通过森俊夫和黑泽幸子合著的一本书（《通过森、黑泽的研讨会学习——以解决问题为导向的简短疗法》，本森出版）。书里的内容能带给我们很多生活上的启发，其中让我印象最深刻的是一位初三女生和她母亲的对话。

大致内容是：有一天，女孩在家吃饭的时候，妈妈突然问她："怎么了？没胃口吗？是不是生病了？"女孩有些错愕，因为她并没有不舒服。但在听完妈妈的话后，她回答说："今天的胃口好像是要差一点。"妈妈又追问道："发生了什么事？是朋友说你什么了吗？"于是很多不开心的事陆续涌上女孩的心头："对了，小A说我……，老师也说我……。"女孩越说越难受，最后躲进厕所哭了起来。

类似的情节在生活中随处可见。有些孩子一听到"现在很忙吧？累不累？"就会立马泄了气。有些孩子则是被"备考压力大吧？"这样的反复关怀压得喘不过气。也就是说，当大人将一些微不足道的小事用语言表达出来的时候，那些小事就成了问题。

我在三十岁出头的时候，曾上过森俊夫先生的课并听他亲口讲述过上面那个故事。森先生稍长我几岁，但就在前不久，我听到了他去世的消息。时至今日我依然记得听先生讲课时心潮澎湃的感觉，这更让我的心情无比沉重！在森先生的启发下，我才发现原来学校教育有很多是可以改变的，以至于想做的事情太多，兴奋得一个星期没睡好觉。

　　大人出于好心而说的话，对孩子而言，有些是良药，有些却成了砒霜。在这个对孩子过度保护的当代社会，我们更要特别注意这一点。为了能及时把这个心得介绍给青年教师们，我一直在校长办公室里放着森先生的书。

创新教学体系

为了实现"让学生更好地立足于社会"这个最高目标,麹町中学不仅对教学活动进行了重新审视,还构建了新的实践教学体系。在这一章,我将介绍我上任五年来引入和实施的一些教学实践。

未来社会需要学生具备哪些能力

我在第2章里提到过，课程是为了让孩子"更好地立足于社会"而学习的内容，所以教学应该把社会常识和实用技能摆在首位。

现在，日本全国已开启了教育新模式的探索之路，对此麹町中学也在进行着各种各样的尝试，比如参与经济产业省实施的"未来教室"项目，以及在EdTech研究会实证项目中利用AI（人工智能）进行单独授课。

我认为未来可以有这样一门课：教室里有老师和学生。学生人手一台平板电脑，教室里配备无线网络，只要连上设备就能上网。

老师上课的开场白是："今天我们来玩游戏。请先下载好××。"

等学生们下载好游戏，老师接着说："今天这50分钟和下节课的50分钟是游戏时间，请大家专心玩游戏。"之后就是学生们玩游戏的时间。下节课也一样——孩子们对着平板电脑，沉浸在游戏的世界里。

估计日本没有一所中学会开设这门课。当然，我们学校也没有。也许这样的课在游戏软件设计专业的专门学校或者大学并不足为奇，但如果是一所中学，并且事先还不做任何说明，恐怕就难逃"这是在放任学生玩游戏""这是放弃教育"这样的指责了。

当然，这门课并不是玩两节课游戏就结束了。如果单元活动的主题是游戏，那么在第三节课就可以考虑以小组为单位展开讨论，探讨该游戏吸引人的地方在哪里？怎样做能让它更有趣？我想只要是玩过游戏的同学，都会积极发表意见的。

在第四节课上，大家可以讨论这个游戏是如何制作出来的，讨论游戏的结构，或者给游戏设计"升级版"。最后，以小组为单位汇总意见，并用平板电脑进行演示发言。日后，还可以邀请该游戏的研发人员过来，让他们谈谈游戏的研发过程。喜欢玩游戏的学生们，一定会竖起耳朵认真听的吧。

虽然这只是我的一个设想，但是我相信，不光是游戏，类似这样的实践是可以让学生掌握实用技能的。因为通过"产品制作"可以让他们体验大人的工作流程，比如如何提出创意、如何在团队中达成共识等。

话虽如此，可真要开了这门课，"游戏"这种题材恐怕终究难逃大家的责难。但要是用两节课来讨论"历史""文学""动物"等主题，估计就不会有人批评了。

可是，如果实践的目的是"学习产品研发"，那么让学生在课堂上认真研究"游戏"又有什么问题呢？如今，游戏不仅是娱乐项目，它还被广泛应用于实用领域。

这里要事先声明一下，我个人对游戏是既不喜欢，也不擅长。但是我知道，现在的学生很喜欢用智能手机下载各种游戏软件。不难预测，今后的社会将变得更加智能化。因此，我认为作为达成目的的手段来说，游戏这个题材是完全合格的。

如果这门课的设定是4-5个课时，那么它算是"综合学习时间"。这个是从2002年开始实施的教学活动，初中一般每周2个课时。因为没有教科书，所以即使使用前面提到的题材，也不算偏离教学大纲。

要想结合学校和地方的实际情况培养学生的能力，关键在于如何充分利用"综合学习时间"。换个角度来看，"综合学习时间"还能培养学生将语文、数学等学科知识运用于实践的能力。

不过老师必须谨记一点，比起关注如何贯彻执行教学大纲，你们更应该着眼于现实，思考未来社会需要什么样的能力，并据此合理安排课程内容。我们的老师也必须具备灵活应对社会发展的能力。

随着人工智能的发展，当今社会正发生着日新月异的变化。在无人驾驶或将成为现实的今天，别说是10年，就连5年后的未来都很难预测。

我在第2章谈到教学大纲时曾提到过，教学应该以培养学生"更好立足于社会的能力"为目标。作为一名老师，首先应该弄清楚社会真正需要的是什么样的人才，然后要思考如何让孩子们在课堂上掌握这些能力，这才是能让学生受用一生的东西。

对于规定课程以外的教学内容，麴町中学通过与企业、大学、私营企业合作的方式开展实践教学。之所以这么做，是因为和民间企业等的合作便于我们及时修正教学内容，不至于"落后于时代"。我们还会邀请推动产业变革、活跃在商业最前沿的优秀人才来和学生们交流。

我们要把关注的焦点放在未来社会对人才需求的变化上，不要拘泥于既有的框架，也不要受常识和禁忌的束缚。

问题解决型课程：培养学生的社会适应能力

接下来，我想具体介绍一下麴町中学正在开展的教学实践。

之前已经介绍过定期考试的废除和单元测试的设立，但这些还只是其中的一部分。只有当你了解了实践的全部内容，才会明白我们学校究竟想要培养什么样的孩子，以及我们憧憬中的理想社会的样子。

必须坦白一点，其实在麹町中学，传统的统一授课方式仍然是主流。即使我认为我们必须紧跟社会发展，及时并全面地对教学方式进行改革，但这些变革目前还集中在规定课程以外的教学内容以及一些特别活动上。

我们必须将着眼点放在未来社会所需要的资质能力（＝素养）以及对学习方法的选择上。

近年来，"非认知技能"和"素养"在社会上越来越受关注。这些都是非常重要的能力。它们只能从经验中获得，一旦获得，受益终身。其实早在20年前企业就开始了对这些能力的研究。2001年，我去拜见了索尼当时的人事经理，当听他说到"索尼在人才招聘和培养方面非常重视'素养'"时，我深受启发。

学校和企业一样，如果不对人才培养目标（人才的素养方面）做出明确规定，便无法采取适当的"手段"。正当我想要找一个衡量人才的"尺度"时，刚好看到日本国立教育政策研究所介绍了经济合作与发展组织在2003年发布的素养框架（素养的界定与遴选：理论和概念基础，简称DeSeCo）。借鉴这种思路，我制定了"麹町中学人才培养目标"一览表（表3.1）。

如上所示，这些不仅是孩子们需要具备的能力，也是支撑大人在日常工作中不断学习进取的力量。有了这些具体的描述，老师就能对学生提出更为具体的要求。

表3.1　麴町中学人才培养目标

①在任何场合都能举止得体，应对自如 ②懂得收集可靠的知识和信息并加以有效利用	A 熟练使用语言和信息的能力
③能够控制情绪 ④能有预见、有计划地展开行动 ⑤能合理提出建设性意见	B 自我控制的能力
⑥能换位思考 ⑦为了达成目标能与他人携手合作 ⑧解决矛盾和分歧	C 团队协作的能力

表3.1的"人才培养目标"是我去麴町中学赴任第一年的7月份制定的，从之后的实践情况看，现在又到了对表格内容做出修订的时候了。比如，第7点中的"为了达成目标"，考虑到在达成目标之前首先要达成共识，所以把这里改成"为了达成共识"可能更合适。另外，"创新能力"也是一项很重要的素养，却没有在表格中体现出来。我们正在讨论是否把这一点加进去。

那么，接下来的课题就是"如何培养这八项素养"。要想让学生具备这些素养，问题解决型课程是我们的首选。

麴町中学按照图3.1所示的流程，构建了从初中一年级到三年级的"与社会无缝对接的问题解决型课程"体系。

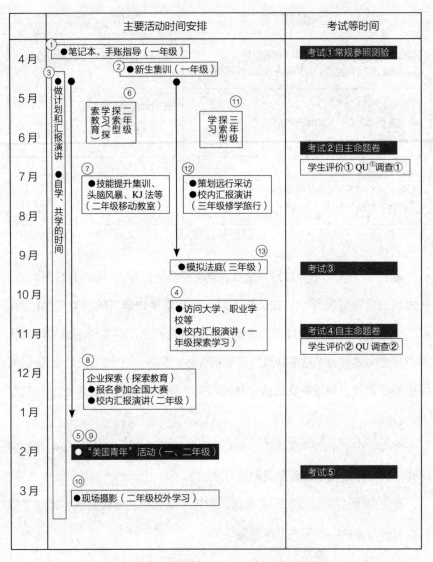

图3.1 与社会无缝对接的问题解决型课程安排表

① QU（Questionnaire-Utilities）：为了让学生能度过愉快的学校生活而开展的问卷调查，由早稻田大学河村茂雄教授设计开发。——译者注

课程①—⑬被依次安排在初一到初三（初中各年级）的教学实践中。顺便说一句，在我就任校长之前，学校仅开设了"模拟法庭"这一个课程（第⑬条），其他都是作为问题解决型课程后来开设的。课程的安排顺序参照了进入社会后遇到问题的先后顺序。并且这些教学实践都有一个共同的主题，那就是"与社会无缝对接"。

团队合作可不是一件容易的事。合作过程中不仅会因意见分歧发生冲突，冲突产生后还容易陷入焦虑不安的情绪。此时情绪控制力就显得尤为重要。学校在开展这些教学实践时，最应该注意的是要让学生将自己在实践中掌握的能力用语言表达出来，通过这种"元认知"让他们理解掌握这些能力的重要性并学以致用。

由于目前的学校教育并不要求老师对学生的素养做出及时、精准的评价，因此"团队协作"要么被当作一个合作成功的典型，以一句"团结就是力量"收场，要么就被描绘成一部感人的青春剧。如果团队合作的意义仅限于此，那就只能培养出遇到问题就推卸责任的人，到时候他们会说"当时是有队友的，可现在没有""今时不同往日，这个问题我解决不了"。

改变笔记模板，提升学生学习效率

在这13门课中，学生们最先学习的是入学后马上进行的"笔记本、手账指导"。学生将通过一个模板来学习"如何做笔记"和"如何记手账"，这将成为整个初中学习的基础。

不过，在以培养学生自律为目标的麹町中学，开课之前一定会和学生说这样一句话：如果记下的笔记不会再看，那就别记了。意在提醒学生要时刻保持自省，并勇于做出改变。比如，因为发育方面的差异，有些孩子存在书写或阅读障碍，但却十分擅长听课，并且能取得很好的成绩。像这样的孩子，不记笔记也无妨。

接下来我想讲讲记笔记的方法。当下，"抄板书"成了日本学校的主流方式。但是这样记笔记会让我们忘记思考，变得机械而盲目。于是，事后回看笔记时你会发现，留在本子上的不过是几行字迹工整的文字罢了。

记笔记的目的不是抄写，而是对知识的"复习和巩固"。正因如此，"写经验体会"和"做归纳总结"也是记笔记必不可少的步骤。为此，麴町中学为组织笔记引入了一个系统的"模板"。就是先在笔记纸上画一个"框架"，然后利用框架的不同区域来记笔记。

首先，我们需要在方格笔记本上画一条线，线的左侧最上方写"目标"和"结论"，线的右侧则用来写"想法""疑问""总结""行动目标"以及"摘要"（图3.2）。如图所示，这样一种让人边思考边记笔记的设计避免了单纯地誊抄板书，同时又加深了自己的原创思考。

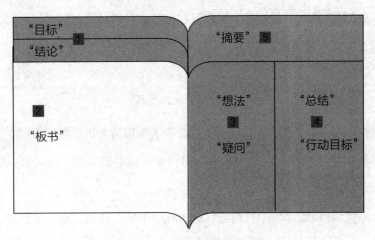

图3.2　麴町中学的笔记模板

课堂上，学生们会将自己的想法和疑问写在笔记纸的指定区域内，最后对课堂内容做出归纳和总结。这个流程是传统笔记里没有的。

就这样，笔记本慢慢有了个人特色，最终它会成为一本专属于自己的参考书。因为里面都是自己用心思考过的内容，所以下次回看时，脑海中马上就会浮现出上课时的情形，也就能进行有效的复习了。

虽然上课形式仍是讲授型模式，也就是所谓的被动听课，但随着笔记模板的导入，大家的课堂表现有了很大改善，变得特别主动。我想，各门课的课堂质量得到大幅提高，也正是源于学生们对制作"自己的专属参考书"的热衷吧。有些学生甚至还会在笔记上给未来的自己留言。

同时，自从导入"笔记模板"后，老师在教学上也发生了变化。他们不仅会在课堂上强调每堂课的目标和重点，还改变了讲课方式，从原来的"跟着课本走"，变成现在的"巧设课堂流程，引导学生深入思考"。由此可见，学生笔记记法的改变让老师的教学也得到了改进。

肉眼可见的成效让师生们对"笔记模板"的热情越来越高，但同时又出现了一些意料之外的状况。比如有的老师试图收走学生的笔记，并用"A""B""C"来给它们评分。我知道后立马叫停了这样的举动。

给笔记评分是绝对不可取的，这会改变记笔记的初衷。如果笔记需要交给老师评分，就会有同学为了"得到老师的表扬"而开始写"漂亮的""给别人看的"笔记，却忘了记笔记的目的是在记的过程中深化思考，在复习的时候加强理解。如果只是为了给老师看，那么新引入的笔记就失去了它原本的意义。

我知道，在我们导入"笔记模板"之前，其实早就有学校在推广这个了。

而促使我拍板决定的，是在刚上任那年暑假读到的一本书——《聪明人用方格笔记本》。书中的观点与我的想法不谋而合，我马上联系作者高桥政史先生，并把他请来麹町中学促膝长谈了一番。

之后一切进展得非常顺利。"笔记模板"的引入得到了高桥政史先生的全面支持。经过各科老师与高桥先生的反复探讨，我们设计出了一款麹町中学独创的笔记模板，并在我上任的第二年开始正式使用。

我写本书期间是引入笔记模板的第四年，高桥先生一如既往地支持着我们的工作。在4月份召开新生说明会时，我们还邀请他来做了一场介绍笔记模板意义的讲座。

学生的"手账"：学习自主管理时间

手账和笔记本一样，也是在我上任第二年开始引入的。

人们只有在进入社会后，才真正懂得时间管理的重要性。学校一般不会教大家时间管理的意义和方法。让学生们意识到时间管理的重要性可不是一件容易的事。因为学校早已有一个强有力的时间管理框架，那就是"作息时间表"。它被张贴在教室的最前方，管理着整个学校的时间安排。

在给学生们讲手账的使用方法前，我会先问大家一个问题："有没有人会为了防止自己忘事儿，把事情写在手上的？"这时候一般有八成学生会举手。如果再往下说，反应快的学生就会意识到，我接下来要说的就是"手账"。

社会上的成功人士都有自己的一套"做事流程"，这是一种了解和管理自己的方法，必须由自己安排并坚持执行。时间管理也是如此。我们希望自己的学生也能管理好自己，掌握更好立足于社会的能力。

　　记得在30年前，我还是一名初出茅庐的新人教师时，按照学校规定，我让每位学生都制定了一份"学习计划表"。具体要求是：学生在上面填写每天的学习时间（实际学习时间）后，将其提交给班主任。由班主任检查签字后再还给学生。

　　从那时起，我就对这种学习计划表存在的意义有了质疑："让学生记录实际学习时间到底有什么用？"也许我们能从中获得"我做了这么多"的满足感，但在现实社会中，没有几个人会把自己的实际工作时间写在手账上以此来获得满足感。

　　于是，还是新人的我更改了学习计划表的格式，让学生填写考试前一周的"自由时间"。所谓"自由时间"，是指从回家到睡觉，除去吃饭洗澡等日常作息后"可自由支配的时间"。通过将可支配时间，也就是考前可用于学习的时间可视化，学生的学习积极性有了显著的提高。他们会合理地分配学习时间，还会制订具体的学习计划。

　　如果只要求写"目标学习时间"，而不要求列出"自由时间"，有些学生就会写一个毫无根据的数字敷衍了事，直到临近考试才意识到时间不够用，于是只好临时抱佛脚，熬夜复习。如果是这样的话，制定学习计划表又有什么意义呢？

　　现在我们学校用的是一款非常不像中学生会用的商务手账。虽然很多私立中学也在推广手账，但基本没有学校会像我们这样使用如此朴素的手账。

　　另外，考虑到如果只是给刚入学的初一新生每人发一本手账，让他们第二天用起来，他们肯定会茫然不知所措。所以，我们会在入学后的"新生集训"上对学生们进行手账使用指导，用通俗易懂的方式讲解手账的用法以及使用手账的好处等。

在麴町中学，手账和笔记本一样，既不用上交给老师，也没有打分一说。和笔记一样，如果记手账是为了交给老师检查，就失去了它原本的意义。说到底手账只是一个自律的工具而已。

在手账的什么位置写什么内容，这些本就应该由学生自己思考决定。对于学生来说，了解这套方法并对自己加以管控的这个过程本身就是非常重要的学习。而我们也依然在为设计出更好的手账不断努力着。

为集体活动设立明确目标

入学后不久，麴町中学的一年级学生将迎来前文提到的为期三天两晚的"新生集训"。"新生集训"在私立中学比较常见，公立中学举办这个的并不多。所以大家对这项活动比较陌生。

有些学校为了培养学生的"纪律意识"，会在集训中做学校生活心得分享，或者为了"给今后的学习打好基础"而在集训中讲授学习方法，甚至干脆给学生们上起课来。

但是我们学校的"新生集训"不做这些。因为比起"培养纪律意识"和"打好学习基础"，我们还有更重要的事情要做。那就是建立师生间的信任关系。换句话说，就是要完全打消孩子对学校和大人的不信任。

很多学生会因升学带来的环境变化而紧张不安，对大人（＝老师）也心怀戒备，其中有些学生甚至不相信大人，无法产生信任感。可是，如果不能与老师建立信任关系，学生怎么可能积极地融入学校生活？

为此，我们在三天两晚的"新生集训"中安排了很多促进师生建立信任关系的活动。比如，需要团队合作的户外游戏、遭遇小组（组成小组并进行真心话分享体验）等。在全体大会上，老师不会对学生进行说教，而是与他们平等交流。并且会在交流中积极地"表扬"学生，避免"批评"。

能让学生之间建立起紧密联系的不仅有"新生集训"，还有第二年7月举办的"技能提升集训"。学生们将前往山梨县西湖湖畔的集训地，参加三天两晚的全封闭式团建活动。在广袤的自然环境中，学生们将被"禁足"在酒店去完成指定任务。

集训的目的并不是通常所说的"和睦相处""加深联系"。相反，我们的目的之一是让学生意识到冲突的产生。每个人的感受和想法不尽相同，让大家的意见达成一致并非易事。就连大人都会因意见冲突而焦躁不安。所以，我们想通过集训让学生学会接受现实，并学习如何应对与解决冲突。

我们生活在一个多元社会，社会里有形形色色的人。

2018年，我们将130名初中二年级的学生分成多个小组，每组4-5人，让他们以"改变世界，设计未来，麹町中学在行动，期待你的快乐加入！"为题进行小组项目提案。

活动中，学生们用平板电脑收集并分析信息；在讨论时会用到"KJ法"（小组成员将各自的意见写在卡片或便签纸上，然后汇总所有意见并讨论其中的联系，最后得出统一的意见和结论）、"思维导图"（以一个主题为中心，按辐射线形写出与之相关的事物）等思维工具。

面对反复出现的冲突，学生们会为如何统一大家的意见而绞尽脑汁。全程会面临很多由冲突引发的纷争和焦躁，但学生可以借此体会到情绪控制的重要性。这些都是在社会生活中必须具备的能力。

另外，这个活动还有12名同行的大学生，他们会在活动中为学生提供帮助。这12名大学生事先接受过培训，对上述讨论方法和思维工具、集训的目的和意义等都了如指掌。

第二天下午，学生们先在班级里进行小组汇报，然后由班级代表做综合汇报。这个过程能让学生切身体会到在众多对立和矛盾中完成一个项目的艰难，以及多人共同提出想法并对其归纳总结的意义等。

通过这个活动，学生们有了很大的改变。总是与老师对着干的学生成了班里的领导，平时沉默寡言的学生也开始独自上台演讲了。此外，他们认识到思维工具既能整理归纳想法，还能有效地帮助自己控制情绪。还有在做决定的时候，应该朝着最终目标反复协商以谋求意见统一，而不是采用妥协或少数服从多数的方法来做决定。

这次集训是麴町中学学生入学后的第一个重要活动，通过这次集训，学生们发生了由孩子成长为大人的巨大变化。冲突是在所难免的，在遇到冲突时，要主动与对方沟通，通过协商达成共识，让孩子们明白这一点，这才是集训的目的。

"有目的" 地举办传统活动

在中学所有的住宿型活动中，修学旅行算得上是规模最大的一个。

这项活动不仅给家长带来经济上的压力，也会花费老师大量的时间和精力。在入学后不久，家长就要开始为此缴纳储备金，老师则要去实地考察，为旅行做前期准备。正因如此，我们更应该精心策划好每一场修学旅行，让学生能从中有所收获。

修学旅行最常见的形式是三天两晚，其间安排游览景点和名胜古迹。在关东地区的中学多半会去京都、奈良等地参观寺院、神社和佛阁。

但我一直对这种形式的修学旅行心存质疑。按规定的时间去指定的地点逛一圈，回来后每个班做一份"修学旅行报"或者每个人做一个旅行相册，这样的活动究竟能让学生学到什么呢？归根结底，修学旅行不过是被当成了学生自治活动的延伸，只是为了培养学生团结合作的精神、提升集体行动能力。

我在琢磨"能否给修学旅行定一个属于自己的'目的'"时，一个想法从脑海中冒了出来。我马上打电话咨询了近畿日本旅游分公司的经理。分公司经理是一位特别热情的人，更难得的是，他对我的想法非常感兴趣。在与他的交谈中，我的想法也变得越来越具体——让学生成为旅行的"策划人"，而不是"参与者"。

这里的"策划人"与以往不同，不是仅作为企划方和旅行社共同决定旅行计划，而是让学生化身为旅行社员工，全权策划和组织这场为期三天两晚、以"采访"为主题的京都奈良修学旅行。活动过程中，我们得到了旅行社的全力配合。为了让学生更好地了解企划内容和宗旨，他们走进教室，为大家做了具体的说明，并且现身说法，教大家企划方案的制作方法和现场采访的技巧。

"热身"结束后，学生们以4-5人为一组，开始对旅行的企划方案展开小组讨论。在逐步明确采访目标的年龄、性别等事项后，采访旅行开始被赋予了"灵魂"，变得有趣和有意义。在这次三天两晚的远行采访中，学生们按照自己制订的计划辗转于京都、奈良两地，积极走访当地店家和居民，拍摄了不少用于制作宣传册的精彩照片。

每年学生都会提出非常有趣的企划方案，采访地点更是五花八门，从清水寺、伏见稻荷大社、东大寺等观光名胜到鲜为人知的小景点都有。

此外，虽然我们对学生返回住宿地点的时间有明确规定，但有些小组会因为想要多做些采访而延误了返回时间。通常情况下晚归是会挨批评的，但在麴町中学，这并不是什么大不了的问题，只要事先告知老师一声就可以了。

京都奈良之行结束后，旅行社设计部和编辑部的负责人来学校教大家宣传册的具体制作方法。之后，学生们以组为单位制作宣传册，最后在旅行社员工面前做汇报演说。

到我写书时是举办远行采访的第三年，每年由学生制作的宣传册不仅内容丰富，品质也堪称上乘。2018年我们和JTB[①]合作。在演说汇报上，"小憩抹茶"这个企划方案获得了旅行社颁发的"旅游企划大奖"。它以大众喜欢却又成不了旅行主角的"抹茶"为题，介绍了很多景区附近颇具特色的抹茶店铺。另外，一本名为《电视剧迷喜欢的外景之旅》的宣传册获得了"宣传册大奖"，其内容是游览出现在电视剧或广告中的外景地。

宣传册制作让学生有了强烈的"怎样才能令人满意"的他人意识。对他们来说，这样的他人意识是将来在社会上生存所必须具备的能力，同时，也是工作中一个必不可少的看问题的角度，比如在开发产品或提供服务时。

活动必须在目的明确的基础上举办。如果没有明确的目的，只是为了承袭传统而盲目举办，那就有必要考虑这项活动的去留问题了。

基于这个思路，我们开始重新审视学校的各类活动。比如，我们对每年3月份面向二年级学生举办的"现场摄影"校外实践活动做了大刀阔斧的整改。还有在同一时期举办的郊游。这次郊游只是一次极为普通的郊游，是为预演三年级修学旅行而举办的。考虑到这样做的意义不大，我们把它改成了一个自带主题的独立活动。

---

① JTB：JTB公司是日本最大的旅行社，专业从事旅游服务业。——译者注

活动目的地是神奈川和镰仓，学生以组为单位一边在市内巡游，一边用自带的数码相机拍摄各种照片。拍摄结束后每位学生各自打印一张自己中意的照片，附上一句喜欢的标语，再将其张贴在教室外的走廊上进行展示。

在活动开始前，我们会邀请专业摄影师过来给学生上课，教大家拍摄技巧。比如，"拍摄建筑物时加入人物，可以帮助照片传达建筑物的规模""拍摄人像时，要保持相机与模特的视线平行"等。学习拍摄技巧极大地调动了学生当天的积极性。

"现场摄影"这个活动本身非常简单，但它与普通郊游的不同之处在于，学生们是带着明确的目的意识和他人意识在参与活动。拍照并附上文字这个举动和成年人在社交网络上更新动态一样，是一件充满乐趣的事情。

从走廊上展出的作品可以看出学生们想要"给观展人带去欢乐"的用心，有的作品再现了电影里的某个场景，有的则是试图博君一笑，因为出展的作品太有趣，走廊上总会挤满驻足观看的学生。

"职业教育"应该教什么

如今，日本所有中学都会开展"职场体验"活动。学生们前往店铺或公司，和那里的店员或员工一起工作。这项活动作为"职业教育"的一环，为学生架起了一座通向社会的桥梁。

然而，职场体验也存在许多有待解决的问题。首先，岗位不同学生的体验也不同，有时甚至是天壤之别。如果去的是一个对"职场体验"充分理解的职场，学生就能从中体会到努力工作的成就感、人生的意义，他们在收获喜悦的同时也开始描绘自己将来的梦想和目标。反之，如果去的是一个对活动宗旨不甚理解的职场，那只会让学生对工作产生无尽的失望。

因此，我们必须极力避免学生对工作产生消极的印象。

此外，学校在进行职场体验的前期指导时，往往过于强调礼貌礼节。比起体会工作的喜悦和艰辛，更重视纪律、礼仪和忍耐等。我认为学校在这方面的教育重心是存在偏差的。

就在这时，我有幸接触到由教育与探索社主办的"探索教育"活动。这项活动可以说是一场模拟实习，它将学生设定为某家真实公司的员工，要求他们在完成既定任务的同时，组成小组解决工作中的课题。全国有近2万名初高中学生参加了这项活动。

当时我们的老师已经在为第二年的职场体验做准备工作，一些工作积极的老师已经给店铺或公司发送了委托申请。即便如此，我还是决定给老师们做思想工作，将第二年的职场体验改为参加"探索教育"活动。

2017年，NTT DoCoMo、瑞士信贷、大和房屋集团、东京电视台、松下电器、富士通共六家公司参与了策划，并分别提出了表3.2所示的终极任务。学生们以模拟入社的方式分组进入这六家公司中的一家，然后阶段性地挑战公司发布的各项任务。活动周期长达一年，相当于麴町中学25个课时。

表3.2 "探索教育"中各家公司的终级任务

企业名称	任务
NTT DoCoMo	请提出一个让个体与个体之间建立起"真正联系"的具体方案！
瑞士信贷	请为瑞士信贷设计一个融入新技术和新思维且独具公司特色的新项目！
大和房屋集团	请为致力于打造美好生活环境的大和房屋拟定一个走向世界的计划！
东京电视台	请打破电视和网络的局限，设计一个让人勇气倍增的新媒体节目！
松下电器	请设计一款能提高家庭幸福感的松下新产品！
富士通	请为富士通设计一项未来数字社会不可或缺的新服务！

（来源：教育与探索社）

以上任何一项任务都必须在充分了解公司的基础上才能执行，否则就无从下手。因此，学生要做的第一件事就是去街头开展问卷调查。他们拦下路边的行人，以提问的方式打听公司的情况，从大家的描述中得出公司的社会定位、业务内容等。之后，学生会陆续收到一系列任务，在完成任务的过程中继续加深对公司的了解。而表3.2里那些令大人都头痛的难题便是学生要面临的最终任务。学生将以小组为单位汇总、归纳各自想出来的企划内容并做汇报演讲。

"探索教育"活动从5月份开始一直持续到第二年的1月份左右。7月份的"技能提升集训"刚好可以作为一次中间练习。在"技能提升集训"中所学到的以"KJ法"为代表的讨论方法、以"思维导图"为代表的思维工具及各种演讲技巧都将在"探索教育"活动中发挥重要作用。

1月的校内演讲结束后，麹町中学又报名参加了全国大赛。2017年，我们有一个小组得到瑞士信贷公司的认可，获得了拜访公司总部并在高管面前做汇报演讲的机会。我想，学生们当时的压力一定非常大，但他们一定也在这次合作中充分感受到了工作带来的乐趣。

模拟法庭：让学生思考法律的意义

法律由我们人类制定，但却不直接对案件做出裁定。法庭审判依然是由人来进行的。

社会的法律法规是人类祖先为了社会成员共生和相互尊重而制定的。随着时代的发展和社会的变迁，我们必须用与时俱进的眼光重新审视它们。因此，我们必须经常通过对话协商的方式去探讨社会真正需要的法律。

麹町中学不断为学生创造自我管理的机会，学生也在各种活动中获得了成长。在以"发展个性"为关键词的活动中，他们学习接受人的多样性，以平常心看待意见冲突；在以"珍惜每个人"为关键词的活动中，他们学习在尊重所有人意见的基础上做决定，然后通过对话协商的方式探讨"应该制定什么样的规则（法律）"，最后达成共识。这一系列过程对提高社会民主性和公民自主性起着至关重要的作用。如果不增强大家在这方面的意识，一旦遇到问题，就会习惯性地把责任推给别人，认为是"国家不好""组织不好""周围人不好""时代不好"，而不会去自己解决问题。

法律规则的制定源于自我管理机制的建立。为了使大家加深对这点的认识，麴町中学每年10月都要举办"模拟法庭"活动。由三年级的20名学生代表在台上扮演辩护律师、检察官、被告人、法官、陪审员、证人等角色。为了增进大家对司法制度的了解，学校会事先安排学生去旁听真正的刑事审判。之后分配角色，并让大家反复进行模拟审判。在活动过程中，日本大学法学部和日本法育学会也会从专业角度对学生进行指导。

虽然案件罪名是事先定好的，但大家在法庭上的交涉基本都是即兴发挥。没有剧本，也没有事先指定有罪或无罪。所以，审判当天的气氛是相当紧张和激烈的。

被告会用真挚的眼神控诉自己的无辜，受害人的母亲则会悲痛欲绝地表达自己的心情。此外，律师和检察官也会条理清晰地陈述各自的主张。在这个过程中，扮演审判官的学生难免会有所动摇，可即便如此，审判依然继续进行。其他学生则作为旁听人，屏气凝神地注视着审判官的一举一动。

学生们感受到的不仅是事件背后加害人和受害人之间的冲突，还有双方家人的情感纠葛。我想，面对法庭上发生的一切，无论是台上参演的学生，还是坐在观众席旁听的学生，大家都会有各自不同的见解。但是为了维持社会秩序，即使同情被告，也不得不对他做出严厉的惩罚。另外，学生们还能从整个过程中体会到，在各方意见对立的情况下做出判断是多么艰难的事。

这些直面纠葛和困境的体验必将成为学生的宝贵经验。

引导学生敞开心扉

因为害怕犯错和失败而畏首畏尾、不敢行动，这是孩子们会面临的一个难题。有这样一类孩子：他们只要意识到"可能是错的"，就会立刻僵在原地，一言不发，陷入沉默。

从脑神经科学的角度来看，接触新事物有助于扩大认知范围，产生迎接新挑战的动力。同时研究表明，这些只有在安心、安全的环境下，只有认知到失败也没关系时才会发生。

在安排我校课程内容时，为了让学生们将小学六年积攒的"对失败的害怕"转化为在安心、安全的环境下勇于挑战的勇气，我决定从2018年起开始举办一个叫做"美国青年"的新活动。

"美国青年"是一种让学生花3天时间做一场音乐剧公演的教学实践。主办方是美国一家非营利组织，他们派17–25岁的年轻人乘坐大篷车周游世界各国，为世界各地的孩子提供实践指导和帮助。到目前为止，日本已经有好几处地方政府和私立学校举办过这个活动，但麹町中学恐怕是第一个单独举办这个活动的公立中学。

举办活动的契机源于西大和学园中学的上村佳永园长兼校长来麹町中学做访问考察。他结束访问后，我有幸受邀去对方学校考察，正好遇到该学校在举办"美国青年"。

尽管有些学生看上去并不擅长唱歌跳舞，但是他们全力以赴且乐在其中的排练场景深深触动了我。而且每一次排练结束后，他们都会和外教们击掌庆祝。他们不仅跨越了语言的障碍，还在以一种快乐且自信的方式表达着自己。短短3天，却让学生有了如此大的变化，这给我留下了深刻的印象。

于是，我有了在自己学校举办"美国青年"的念头。在这里，我也想对为学生提供帮助的千代田教委和千代田区议会，以及用一句"如果预算紧张，我们会全力支持"打消了我经济上的后顾之忧的校友会同学们表达我衷心的感谢。

"美国青年"活动于第二年举办，活动为期三天，头两天是练习，最后一天是公演。参加对象是一二年级的学生。学生们能在活动中尽情享受唱歌和表演的乐趣。

另外，在活动举办期间，年轻的外籍指导员们将寄宿在日本家庭。至于寻找寄宿家庭的问题，我们在学生家长中征询了意见，很多家庭都表示愿意参与。我很高兴，也非常感谢家长们对麴町中学工作的支持。

充分利用校园设施

在我赴任的几年前，麴町中学进行过大规模改建，建成了一座拥有最新设施设备的新校舍。这幢地下1层、地上6层的新校舍内设有室内温水游泳池、阶梯教室、和式房间等设施。教室自不必说，各房间和体育馆也都是冷暖设备齐全。教学楼屋顶有一个带天然草坪的大庭院，同时麴町中学也是一个铺满太阳能板的"生态学校"。所有来学校考察的人都会对这些气派的设施和设备赞叹不已。

在我上任之初，这些设施大部分都只用于教学活动。比如，室内温水游泳池仅在6月下旬至9月上旬这两个半月开放。此外的九个半月则被用来做消防蓄水池。另外，可容纳数百人的阶梯教室和和式房间每年的使用次数也是屈指可数。

位于城市最中心的室内温水游泳池和体育馆的使用率竟然连十个百分点都没到。大把资源的闲置着实令人痛惜。很久之前我就认识到"如何充分利用学校资源"是一个亟需解决的课题，来麴町中学后，我的这个想法变得越发强烈。

当时参加社团活动的学生很少，放学后校园很快就冷清了下来。为了给学生们提供一个安全放心、乐于留下来的自由活动空间，学校首先开放了图书馆和计算机室作为试点。后来我们又创建了"麴中塾"，这是一个开设在校园里的免费补习班。这个举动受到了学生和家长的一致好评。就这样，放学后的校园开始变得热闹起来。

关于创建"麴中塾"这一块，我们首先同东京大学、上智大学和东京理科大学这3所大学的研究室进行了沟通，拜托每所学校严格选派3名对教育感兴趣、喜欢孩子并擅长人际交往的大学生来"麴中塾"任教。我把课程安排和私塾运营等一切工作全权交给了这9名大学生，希望他们能从中有所收获。如果他们不在教学上下功夫，学生们是不会过去学习的。而我对大学生们只提了两点要求，一是要让学生们感受到学习的乐趣，二是希望他们这些与学生年龄相仿的大学生能成为大家的好榜样。当然，我们看到的结果也是喜人的。这些大学生为"麴中塾"群策群力，通过在课堂上导入平板电脑等方式，为学生们带来了一个个精彩纷呈的课堂。

而在社团活动方面，我们成立了以足球部为代表的一些新社团。

我对社团活动一直非常热心，在山形县的时候还担任过篮球部的顾问。在我看来，从社团活动中学到的东西对学生们来说是不可替代的。

周末我会带着学生去练习或参加比赛，我也会和大家一起晨练。虽然那段时间只有在年终、年初才休息，但我一点儿也不觉得辛苦。

不过我的这种做法并不可取。而且在强调"工作方式改革"的今天，作为校长，我也不会要求老师这样做。为了在这方面有所改进，我们从外界请来了很多老师来学校指导工作。

此外，我们还以同样的方式开设了游泳、花道、茶道等课程。花道课请的是家元池坊的老师，茶道课是里千家的老师。对学生们来说，花一点材料费就能在宽敞的日式房间里接受一流老师的指导，这是多么奢侈的体验。

之后，我们又陆续开设了麴中农场、话剧团、编程小组、广播小组等全新课程。讲师也都是我通过私人关系邀请来的各领域专家。

就这样，放学后的校园氛围彻底发生了改变，人多的时候，大约有三分之一的学生留在学校学习、运动或参与艺术活动。

目前，这些放学后的课程和社团活动都被统称为"麴中课外活动"（图3.3）。

社团运营通过在PTA里设立"社团活动委员会"的形式进行。PTA，从字面上看它是一个由家长（parents）和老师（teachers）合力运营的组织（association），但其实老师和家长合作的机会并不多。于是，我们决定由各社团顾问组成"社团活动委员会"，并将其设置为PTA的常务委员会之一，使社团活动成为PTA活动的一环。这样不仅能加深家长对老师的理解，也有利于二者之间共享信息。

麹中的课外活动

[开放时间] 下午3:30—下午6:00
[事务局] 外聘老师3名

麹中塾

【提高成绩系列】
- 补习班(所有年级,英语、数学)
- 基础班(所有年级,英语、数学)
- 强化班(一、二年级,数学)
- 国语班(所有年级)
- 提问教室(所有年级)
- 英语面试对策讲座
- 自习室
- 开放图书馆
- 开放计算机室

【其他】
- 游泳课程(外包)
- 插花课程(外包)
- 茶道课程(外包)

【运营人员】
外聘教师+图书管理员4名
大学生11名
外部专家约20名

社团活动

- 男子篮球部
- 女子篮球部
- 男子排球部
- 女子排球部
- 羽毛球部
- 硬式网球部
- 田径部
- 足球部
- 合气道部
- 剑道部
- 舞蹈部
- 美术部
- 吹奏乐部
- 围棋/将棋部
- 文艺部
- 家政部
- 游泳部
- 茶道部
- 花道部

【运营人员】
一般教师22名
外部指导员约15名

课外小组

- 麹中农场(在屋顶庭院经营农场)
- 话剧团(在麹中校园文化节上表演话剧)
- 摄影小组(拍照方法)
- 编程小组(设计手机应用程序)
- 理科小组(在群落生境[①]中养殖萤火虫)
- 广播小组(站在对方角度说话的技巧)
- 数学奥林匹克小组(感受数学的乐趣)

【运营人员】
外部专家8名

图3.3　麹中课外活动的内容

① 群落生境(biotope):群落生境由植物生境(植物的生存场所)和动物生境(动物的生存场所)组成。它是景观生态学最小空间的单位。——译者注

　　麹中塾、社团活动以及"麹中课外活动"为学生提供了活动空间，让闲置资源得到了充分利用，更为他们提供了更多与大人接触和交流的机会。通过与活跃在各行各业第一线的播音员、摄影师、程序员、名牌大学学生的接触，学生们找到了自己学习的榜样。还有些学生通过这些经历对自己未来的发展方向和成长道路有了更明确的认识，并确立了自己的人生目标。

　　我现在是EdTech研究会以及由经济产业省主办的教育专家会议"未来的教室"的项目成员。会议上我积极提出要进一步扩充"麹中课外活动"，将其建成一个"小型学校"。

　　"小型学校"缩小的并不是学校或班级的规模，而是学校的"职能"。我对它的构想是这样的：上午依然进行传统的课堂教学，下午则借助外界力量，通过"课题解决型学习"（PBL：project-based learning）的方式进一步充实课堂内容（到此为止属于教学大纲规定范围内）。之后的时间我们会开设各种讲座，包括社团活动、"麹中课外活动"等，这些讲座也对市民和社区居民开放。这样学生就可以和形形色色的大人一起学习了。

　　放学后（教学大纲规定范围外），孩子们可以留在学校继续参加自己喜欢的活动，一直到下午6点左右。在那里，他们可以从实践中学到很多书本上学不到的东西。孩子们回家后，大人可以在学校待到晚上10点左右。管理的工作可以交给NPO（非营利组织）团体或企业。在财政困难的今天，开放学校资源所创造的房租等收入，可以为孩子们的活动提供资金上的支持。从社区角度看，这样做既能创造新的就业机会，又有助于老师改革工作方式（图3.4）。

完善与社会无缝对接的教学环境
- 提供与社会需求对口的课程（单学科、综合学科及其他）
- 课题解决型学习（PBL）＆自适应学习①（效率性）
- 向社会开放教学楼等学校资源（发挥利润中心的作用）

软件：将学校作为准备场地
【课程内容】
- 重设必修课程（最小限度）
- 与企业、政府、社区携手打造"问题解决课程"

【教学方法】
- 推进互动式教学
- 推进无教学课堂（老师仅作为学习的引导人）
- 推进自适应学习
- 借助脑科学知识来提高教学水平（基于科学依据）

【EdTech 环境】
- 为教室配备被称为"社会缩影"的 ICT（信息通信技术）环境
①打造安心、安全的容错环境
②为将来商业模式／学习模式中的全方位学习法提供支持

下午 2 点结束学校传统职责（切换为小型学校）

作为课外活动中心或文化中心
下午 2 点一晚上 10 点
- 一个为学生和社区提供多元化学习模式的空间

硬件：使学校成为终身学习的场所
【企业和社区提供的教育】
- 多元化学习（体育、音乐、艺术及其他）
- 作为解决社区问题的据点
- 发挥利润中心的职能（确保财政来源、确保就业）

课题①：教师、家长、政府、民间的意识改革（就教育目的和教育方式达成共识）
课题②：放权给学校和社区（减少国家、文部科学省、教学大纲的束缚）
课题③：对学校设施的全面维护，协调与社团及其他组织的关系

图3.4　未来教室

作为校长，我这么说可能有失偏颇，但我还是要说："我们必须对现有的教育制度进行全面整改。具体就是缩小学校的职责范围，建立一个让各

---

① 自适应学习：通常是指给学习者提供相应的学习环境、实例或场域，通过学习者本人在学习中发现总结、最终形成理论并能自主解决问题的学习方式。——译者注

行各业的优秀人才都能参与其中的教育机制。"

　　说句题外话，2018年夏天，全国出现破纪录的酷暑天气，学校是否安装空调成了人们热议的话题。而各地政府之所以迟迟不愿拍板，或许有预算方面的考虑，但主要原因还是夏季学校设施利用率太低。如果能像"麴中课外活动"那样，让所有市民，无论大人儿童，都能利用校园，恐怕就不会形成赞成和反对这两派对立意见了吧？

创新学校管理方式

在麹町中学的这5年，我推出了一系列颠覆性的改革措施，想必我做的这些给老师和家长添了不少麻烦。在这一章，我将给大家介绍一下我是如何对学校进行管理的。

列出清单并予以解决

这两年，在互联网、杂志、报纸、电视等媒体的推动下，麹町中学的改革措施受到了教育人士的广泛关注。承蒙大家的厚爱，2017年来我校考察的人数陡然增多，一年的访问量竟高达100次，这基本已经到了我们的接待极限。我自己也因此得到了越来越多的去各地演讲的机会。

在备受瞩目的同时，很多人对我的印象似乎一直停留在"改革派校长"上。正如"前言"中提到的那样，我经常会被问："您是那位野路子校长吗？"老实说，这着实是一个让我五味杂陈的问题。

学校本该是社会的最前沿阵地，老师是在这个阵地上工作的人，而民众则是先在学校学习了知识技能后，再步入社会大显身手。然而不知从什么时候开始，学校的知识体系开始落后于社会发展，反倒是坊间信息更贴近时代的脚步，以至于人们开始试图将这些坊间的信息导入学校的知识体系。对此我感到非常遗憾。在我看来，灵活应对社会变化应该是老师的使命才对。

在了解麹町中学的改革后，前来考察的人们经常会问我这样一些问题，比如，"有没有和老师发生过矛盾？""在学校里有敌人吗？"等。正如前文提到过的，我认为"每个人本就不同""每个人要有个性才好"。存在意见分歧很正常，关键是要及时沟通，要朝着最终目标达成共识。

相反，抓住一个无关紧要的"问题"，然后彼此站在对立面相互指责，这是最没有意义的事儿。这也是我经常告诫学生的话。

另外，我从来没有在教职员工面前用过"改革"这样的大词儿，也没有想过要成就什么丰功伟业。在过去的五年里，我只是脚踏实地、一丝不苟地执行着那些和老师们一起研究出来的"改进方案"。

如上所述，日本当前的学校教育存在着诸多问题，并且都是亟待解决的问题。这让我更加强烈地意识到我们有必要重新审视公共教育的本质并对其进行改革。不过关键是要接受现状。希望读到这本书的你能从力所能及的事情开始，并朝着自己的最终目标不断付诸努力。

来学校任职后，我一直在为赢得周围同事的理解和支持不断努力着，甚至可以说是把最真实的自己毫无保留地展现在大家面前。与此同时，我又通过"学校新闻""校长专栏"等媒介，积极向家长和社区居民介绍自己的为人和教育观。功夫不负有心人，理解并支持我的老师、家长、社区居民越来越多，关心教育的企业和非营利组织（NPO）也渐渐多了起来。

不过，在接受学校的现状之前，我们先要把学校的课题罗列出来。于是，在上任后的第一个暑假，我把自己认为需要解决的课题一一梳理出来并将其做成Excel表格，一共有200多项。

其实这份清单并不是我一个人做的，而是在全体老师的共同努力下完成的。200多项中有50项是由老师列出来的。其中不仅有与学习指导、学生指导相关的内容，也有像"钥匙管理不到位""个人信息随意摆放在桌子上"等事务管理方面的内容。清单完成后，我又和老师们就如何改善和解决这些课题展开了讨论。

制作清单是为了提高老师的"自觉性"。倘若是由我一个人单独完成，那么对于老师而言，业务改善就成了一个被动接受的"任务"。即使老师按照校长的要求去做了，结果也不会太理想。而要想取得成效，必须由老师主动发现问题、思考解决方案并付诸行动。

另外，针对有些课题会存在两种截然不同的声音。比如，关于某个活动的去留问题，一方认为"应予以取消"，另一方则表示"应予以加强"。通过持续的对话协商，在得知双方都是发自内心地"想保留学校活动"后，大家开始一同思考解决方案。我认为这个过程是非常重要的。同时，在将课题"可视化"后，老师们对待课题的态度不再是"事不关己，高高挂起"，而是作为当事人积极参与其中。

如果课题内容彼此冲突，我会提醒大家关注更上一层的目标，比如"怎么做对学生更好""学校为何存在"等。希望老师们能通过加强沟通达成共识，以对话协商的方式解决问题。

在列举课题清单和解决课题的过程中，老师的当事人意识开始萌芽，同时也开始表示出对我工作的理解："原来他并不是为了做业绩而增加大家的工作量，而是试图在减少老师负担的同时，加强学校的教学内容。"比如，上班前例行的"晨间问候运动"取消了；员工会议的效率提高了；早会时间也缩短了。通过各方面的努力，老师们用于本职工作的时间增加了。

到了年底，课题由第一年夏天的200项增加到了340项，其中有170项在年内得到了改善和解决。课题清单在那之后持续做了3年，到我上任的第3年结束之际，课题数量达到500项，其中的350项已经得到了解决。

"在解决课题时，一定要采取与'目标'最匹配的'手段'"，这是我对老师反复强调的一点。

在碰到棘手问题无从下手时，不妨回到更高一层目标，这样思路就变得清晰起来。自从老师转换到这种思维模式后，他们对所有工作都充满了热情。

考虑到老师的"自觉性"已经得到了明显提高，无需继续列举课题，学校决定暂停这项措施。自从自觉性整体提高后，大家会及时提出课题并立马予以改善。现在老师每年都能自主解决近50项新课题。

如何处理"矛盾冲突"

无论在哪所学校，只要新校长采取与前任校长截然不同的管理方针，就免不了会有反对的声音。我这一路走来就碰到过不少反对我的人。

有反对的声音是情理之中的事，不见得有什么不好。我经常会和学生们说："矛盾是普遍存在的。一定要加强沟通，通过对话协商的方式去解决。"社会上不存在"预定和谐"，任何事情的开始都会伴随着重重阻力。

这是我一直以来的信念，今后也不会改变。该坚持的我会继续坚持，对老师和家长的意见我也会欣然接受。如果出现了矛盾冲突，就通过协商的方式去解决。这才是学校该有的样子。

我经常强调"将问题转化为学习契机"的重要性。也会经常对老师们说，我们的终极目标是让学生自主解决问题，在"问题"中提升自己，希望大人能给予他们更多的信任。如果孩子在解决问题的过程中能获得家长的信任，这会给他们的成长带来正面影响。另外，如果老师能和家长一起分享育儿的艰辛和重要性，那么孩子逐渐也会形成"当事人"意识，认识到"问题必须靠自己去解决"。

我对工作的态度也是如此。如果有人直接向我提意见，我会抓住这个千载难逢的机会，与他进行一场畅所欲言的对话。对话不仅能让对方理解我的想法，也能让我恍然大悟，引发我对不曾注意到的地方进行深入思考，并及时做出修正。

每个人的想法和价值观都不一样，有人的地方就会有矛盾。矛盾的存在并不是什么糟糕的事，对其视而不见才糟糕。我们必须告诉这些将生活在未来社会的孩子们："最重要的是着眼于上层目标，在多样中谋求共识。"

在前文的本校"人才培养目标"中提到过"情绪控制"。

我常被人嘲笑"反应慢半拍"，或许也正是"得益于此"，矛盾冲突才没有给我带来太大的压力。很多时候我甚至察觉不到冲突的存在。于我而言，这是一种幸运。高中时有个朋友生我的气，一直无视我的存在，而我却丝毫没有察觉。类似这样的事情还发生过很多次。像我这种性格的人，就算和同学发生冲突，吵得不可开交，也不会一直冷战下去。所以，我基本不会与人断绝关系，只是可能会不经意地伤害到对方。

目黑区教委三校合并整改的项目，对我来说就是一次锁定上层目标进而解决矛盾冲突的宝贵经历。

事情要追溯到2003年。由于学生人数减少，区里提出计划对第二、第五、第六这三所中学进行整改并建立一所新中学。

不出意料，计划遭到了当地部分居民的强烈反对。

于是，支持新校重建的我主动请缨，自愿参与到了项目当中。设计新校舍是一项非常有魅力的工作，在集中考察完所有办学理念先进的学校后，项目组成员萌生了"在日本创建一所独一无二的学校"的想法。

最终，新学校决定采用"学科中心型"办学模式。所谓"学科中心型"，就是像大学那样，学生们在各个教室间移动上课。当时这样做的中学屈指可数，并且也逐渐浮现出很多问题，比如，采用这种模式的学校没有一所开设过4个班以上的年级。

创建新校时，为了建设ICT（信息通信技术）教学环境，我们将所有教室的黑板换成了白板，并配备了投影仪和实物投影机等设备。这股"创建日本独一无二的学校"的热情不仅在区政府工作人员、教职员工、社区居民之间，也在设计事务所和施工人员之间传播开来，每个人都作为当事人参与到了学校的建设中来。

要说这股热情有多"热"？为了让设计方案趋于完美，大家群策群力，反复改进；即使新校舍开工在即，图纸的修改仍在继续；作为一个政府主管的项目，这些可都是前所未闻的事情。在那之后，为了让学校更接近于理想，我们仍不断协调着各种意见。项目供应商们、承包商们也纷纷置自己的利益于不顾，奋不顾身地投入到新学校的建设中来。现在回想起来，我们正是在锁定上层目标的基础上，通过对话协商的方式有效化解矛盾冲突，最终达成了共识，这简直就是一个奇迹。

由此可见，无论多大的矛盾，只要锁定上层目标不断协商，就一定能达成共识。相反，如果不进行正面沟通，状况就会持续恶化，以至于组织内部派系丛生。

我当老师那会儿也遇到过这样的事情。一部分嗓门大的老师成了员工领袖，持反对意见的老师则形成另外的小团体，最终双方矛盾激化。像在制定教学方针时就经常会发生这样的矛盾。

面对这种情况，我会尽量保持中立。对待强势的一方，该坚持的我依然会坚持，与此同时我也会和另一方保持一定距离。因为一旦选择了站队，就容易感情用事，一心只想着推翻对方的意见，而不去思考什么才是最合适的，这并不是我想要的。

这是我一以贯之的想法，在当上校长后也从未改变过。

如前所述，我在教委工作的时候，是按照①学生、②家长、③区民、④学校、⑤教委的顺序来定优先级的。同样，现在推进麴町中学改革时，我依然把学生放在第一位。

另外，虽然来麴町中学视察访问的人很多，但无论是文部科学大臣、政治家、大学生、高中生还是想来本校上学的小学生，我都会要求自己一视同仁。当然，为了让对方更好地了解我们学校，我会根据来访人员的情况，选择合适的语言，调整说话的顺序。这都是老师需要具备的基本素养。

过去有些老师会"看人下菜碟"，对不同的孩子态度截然不同，还有些老师会给一些有关系的孩子"开小灶"，这样的老师是有失公允的。

学校、社区、家长共建校园

学校为何存在？之前我已多次回答过这个问题：是为了让人"能够更好地立足于社会"。更进一步说，学校是一个培养孩子"自主性"的地方。就这一点我们必须与家长达成共识，并获得他们的支持与配合。可是从目前学校和家长的关系来看，家长俨然成了"顾客"，学校则成了"服务提供商"。学校对家长投诉的积极回应，最终让孩子们失去了自主的机会。

"对组织的抱怨与不满"和"当事人意识"就像一枚硬币的两面。具备当事人意识的人会在抱怨之前先思考"该怎么做"，并行动起来。相反，不具备当事人意识的人一旦遇到问题，就会以"消费者"的姿态把责任推给别人。

我们必须唤醒家长的"当事人意识"，树立共享目标并达成共识。为此，我们创建了"学校管理委员会"。

大家对"学校管理委员会"可能比较陌生，但说到"社区学校"，很多人应该有所耳闻吧？

这是日本2004年制定的一个全新的学校教学机制。对此文部科学省的解释是："它是实现校方和社区居民共同管理学校的一种有效的教育机制。"

这个说法有些书面，通俗讲就是成立一个由学校、社区、家长代表组成的"学校管理委员会"，并定期召开会议。会议内容主要以审批校长的管理方针、对学校的运营方针提出意见为主。设立了"学校管理委员会"的学校被称为"社区学校"。截至2018年4月，日本全国的小初高以及特殊教育学校中，共有5432所学校被指定为社区学校。

目前，社区学校的确存在一些问题，比如没能形成一个让家长和社区居民主动参与的机制。

全国的社区学校大致可分为两种类型。一种是由"学校管理委员会"作为第三方机构直接对学校的管理事宜进行督察并发表意见。另一种是"学校管理委员会"发挥社区支援总部（这也是文部科学省实施的政策之一）的作用，为学校的实践活动提供外部支援。

最初成立的社区学校"东京都足立区五反野小学"（现在已被合并废校）属于前者。因其与社区间产生了意见上的分歧，同时又面临校长换人等问题，该校的管理工作曾一度陷入僵局。在我看来，这样的局面正是家长和社区居民以"消费者姿态"向学校不断提出要求所致。

除此之外还诞生了"地区支援总部型"社区学校，比如教育志愿者走进课堂参与教学实践活动等。最早开展这方面实践的是东京都三鹰市，之后这种运行机制迅速在全国范围内普及，现在已经成为社区学校的主流模式。它的优点是让社区居民作为"当事人"参与到教学中来。

但如果社区支援总部的作用只是向社区学校"派遣志愿者",那么与志愿者沟通协调等工作就落到了老师肩上,最终不过是徒增了老师的工作量,却收效甚微。

自社区学校创建开始,我就对它寄予了厚望。也正因如此,当看到它一直未能如期运转时,我倍感遗憾。既然是"由社区来管理的学校",就必须构建起一个让学校、家长、社区居民都具备当事人意识、能共同承担责任和风险的机制。

带着这样的问题意识,在新宿区教委担任教育指导员期间,我一直致力于社区学校的全面普及,一直到2013年年底。不过我们推广的是新宿区独自构建的一种机制,不同于前面两种类型。

正好也是在那段时间,三重县教委把日本生产性本部的管理方法导入到了公立学校的评价体系中,于是我访问考察了三重县教委。学校评价相当于PDCA循环①中"C"(评价)的部分,三重县当时这种超前的做法引起了我的兴趣。

然而,在与教委负责人的交谈中,我得到了一个令人意外的消息:"实践最终以失败告终。"原因是日本生产性本部的评价细则是针对企业开发的,并不适用于学校。

不过其中一些学校并没有就此放弃,它们在吸取失败教训的基础上,又制定了新的评价机制。我后来去考察的稻边市内的一所小学就是如此。在那里,学校的评价细则是由学校、家长、社区居民共同商定的,学校最

---

① PDCA循环:指将质量管理分为四个阶段,即Plan(计划)、Do(执行)、Check(检查)和Act(处理)。——编者注

后把这份评价细则以《校评报》的方式分发给相关人员。

这份评价表的确做得很好。特别值得一提的有两点，一是评价标准简单明了，二是包含了对家长的评价。《校评报》还加入了"家长对公开课的态度存在问题，需要改进"这样的选项。我对此深有同感。因为我一直认为家长不应是"旁观者"，而应是"当事人"。

想要学校越办越好，靠的不仅仅是校长和老师，家长和社区居民也应抱着"我能为学校做些什么"的态度，积极参与到学校建设中来。如果每个人都能以这样的态度进行自我评价，学校一定会朝着更好的方向发展。于是，在制订新宿区的社区学校推行计划时，我把这些内容也都加了进去。

也许是因为有过这些过往经历，我从接到校长任命书那一刻起，就有了把麴町中学建设成社区学校的打算。然而，当时的千代田区以社区学校乏善可陈为由，决定不在区内设置社区学校。

为了获得建校批准，我找了所有相关人员，向大家具体阐述了自己的想法："我要创办一所前所未有的社区学校，旨在提高家长和社区居民的自主性和积极性。"在区教委和议员们的理解和支持下，2016年，也就是我上任的第三年，我们学校被评为区里的示范社区学校。

能否办好社区学校主要取决于学校管理委员会的成员。如果他们是一群不愿意与学校共同承担责任和风险、没有当事人意识的人，那么学校管理委员会就会成为一个监管机构，只知道从旁观者的角度对学校评头论足。

一般来说，学校管理委员会里都会有在当地颇有威望的人物，比如町会长。但我们学校的管理委员会则是由家长（毕业生家长）和毕业生组成。之所以这样做，是因为他们不仅具备当事人意识、对学校的实际情况了解充分，而且对需要改进的地方和改善方向的认知也和学校一致。待成员确定后，我们在学校管理委员会里设置了"学校评价委员会"，并立即着手制定评价细则。

日本《学校教育法》经2007年6月修订后规定全国所有学校都必须实施学校评价。学校评价原本是为了让学校能自主进行PDCA循环并提高其管理水平而实施的。如今被纳入法律法规，变成了一个不得不做的工作任务，甚至还会让学校丧失自主实施的积极性。这与教学大纲和新教学大纲之间的矛盾如出一辙。

文部科学省还出台了一套指导方针，里面对评价项目做出了具体明确的规定。但这套指导方针的评价项目太多，评价标准又过于抽象，反而打击了学校的自主性和积极性。比如，"你是否在教导孩子要尊重他人，要与同学团结友爱？"这一项里，"是否在教导"的判断标准是什么？如果没有具体的标准，就会因主观意识的不同产生截然不同的评价结果。

自从我们学校的管理委员会自主运营起来后，老师和家长都能切身感受到自己正参与着学校管理。于是他们每个人都会带着各自的目标和价值观积极参与到学校管理中来。现在，每当学校与家长发生矛盾冲突，其他家长就会跳出来，替学校去处理。

此外，在PTA干部的带领下，大家都非常积极地参与学校的运营。

校服的决定权

自从我们学校成立了学校管理委员会后，家长的意见开始一点点改变着学校。确切地说，应该是家长成了学校管理层的一分子，他们现在正在思考的问题是"如何让学生自律"。

在这样一个大环境下，我们学校于2018年成立了"PTA制服等讨论委员会"。也就是让家长为学生的服装和随身物品定规矩。这应该是公立学校的首次尝试。

具体流程是这样的：首先，"PTA制服等讨论委员会"向家长和学生征求意见。随后他们汇总意见，并就"什么样的衣服适合中学生"这个问题进行反复协商，然后拟定出一份草案。接下来，他们将草案交给PTA运营委员会审批，并将最终意见汇报给家长、学生和老师。

在这期间我只提了两个要求：要兼顾"功能"和"实惠"。也就是既要让学生在学校穿着舒适，又不要增加家长的经济负担。

最终出炉的规定很简单：衬衫"不能有特殊设计"。为的是防止学生间竞相购买名牌而增加家长的经济负担。其实这一情况从去年开始已经大有好转。一些曾对服装要求特别严格的老师在看到孩子们的变化后也开始转变了自己的教学观。第1章介绍的"私服上学周"活动就是以教学观转变为契机而开展的实践。特别是那些热衷于指导学生服装的资深老师，他们的变化真的是显而易见的。

规定的改变不仅减轻了家长的经济负担，也让学生的在校生活更为轻松舒适。比如，自从允许夏天穿polo衫后，学生们服装的透气性大幅提高；自从允许日常穿运动鞋后，学生就不必再另带运动鞋来学校。今后，"PTA制服等讨论委员会"将对制服（校服、西装）标准进行全面修订。

此外，我们学校活跃在政商一线的校友很多，他们对学校有着很深的感情。随着陆续推出的改革新举措越来越受关注，校友会和学校管理委员会、PTA一样，也开始积极地为学校出谋划策，于是我们又多了一个强有力的伙伴。

他们没有提出走以前重点高中的老路线，而是对麹町中学现行的改革措施给予了全面支持，并且还非常爽快地提出了资金方面的协助。这真是帮了很大的忙。

现在，学生们正在开展一个新项目——对以校友会成员为中心的"麴町中学人才银行"展开调查研究。首先由学生们从6000名毕业生名单中选出一个"想见的人"，然后向校长提出申请。只要理由足以打动校长，校长就会帮大家牵线搭桥。该项目正是因为有校友会这个强有力的后盾才得以开展，在此对他们致以诚挚的谢意。

平衡"责任"和"权力"

在交办工作时，我会把"责任"和"权力"全权交给对方。

一个人在自己的工作中可以发挥的空间越大，他对工作的热情就越高，工作能带给他的成就感也就越强。同时，这样的工作还会给人带来紧迫感和使命感。相反，如果交办人规定得过于细致，对方就不会去动脑筋花心思，只知道唯命是从。我认为，人只有在掌握决定权并承担责任和风险的情况下，才能把工作做好。

但是在学校这个体制里，老师的确很难去承担责任。

在这一点上，不得不说东京都为指定社区学校制定的教师公开招聘制是一个非常优秀的用人机制。所谓教师公开招聘制，是指由各学校自行招聘认可该校教育方针的教师，而这个教育方针则由各校校长确定。自从我们学校被评为指定社区学校后，每年都会有3-4名老师通过这个制度调来我们学校。

通过公开招聘制调过来的老师不仅认同学校的教育理念、有很强的上进心，还给周围的老师带来了良好的影响。同时，在增强老师自律意识这方面，教师公开招聘制也起到了积极的推动作用。

慢慢地，老师们的观念有了明显的转变。令人特别欣慰的是，一些年轻教师会积极与外界保持联系，并乐于拓展自己的人脉，甚至还有人向我提议："我想和这个人合作，您能抽空见见他吗？"在这些年轻人的带动下，其他老师也不甘落后地纷纷表示："他都那么努力了，我也不能拖后腿啊。"能在增强自律意识的实践过程中看到老师们的转变，着实令人高兴。

重新审视办公室里的"理所当然"

老师常常会被贴上"没有常识""不了解社会"这样的标签。比如接电话这个事。一般来说，听到电话铃响后，应在3声之内接起，并报上自己的名字。但在学校里基本上没有人这样接电话。很多人都会对眼前那个响个不停的电话置之不理，因为他们理所当然地认为："电话又不是打给我的。"

在我上任后，这样的情况依然存在。于是，我马上编了一本《麴町中学教职员工须知》，并发给了每一位老师。《须知》明确规定了电话要在3声响以内接起，如果没能在3声以内接起的话，一定要说"让您久等了"，接起电话后首先要做自我介绍："我是麴町中学的某某某"等。

学校应该与社会无缝对接，学校文化不能偏离社会常识。

一般来说，学校会在第一年对新来的老师进行上岗培训，主要包括班级管理和学生指导。而对电话应对等礼仪的学习，学校会放在平时的OJT（On-the-job training，即在职培训）里进行。然而，现在的学校已经不再为老师提供这些学习机会，因而老师们对这种不恰当的电话应对方式也习以为常。

一开始也有一些老师表示不理解《教职员工须知》。还有老师拒绝在电话中报自己的名字，理由是不想让销售人员记住自己的名字。而我是这样对大家说的："只要掌握了巧拒的方法，就不会被推销电话骚扰了。"

《教职员工须知》还对老师间的称呼做了明确规定。众所周知，学校老师之间一般都是以"某某老师"互称的，而《教职员工须知》规定，除校长、副校长外，老师之间一律以名字相称。这项规定给大家带来了相当大的文化冲击，当时很多老师都表示无法理解。

"老师"本是孩子对教书先生的尊称。可是在没有孩子的办公室里，我们却仍然互称为"老师"。或许是基于人权意识吧，这样的称呼让我觉得特别别扭。我想很多人应该都能体会我的这种心情吧？但是这种违和感很难在学校里得到认同和理解。

说点题外话，一直以来我都羞于以"老师"自称。和学生说话时，我也都是用第一人称，而不是"老师怎么怎么样"。曾经有一段时间我也尝试着称自己为"老师"，但终究还是因为心里不自在只得作罢。不以老师自称，一是为了提醒自己"老师没什么了不起""不要忘本"，二是告诫自己不要有"居高临下"的态度。

提高工作效率

"工作方式改革"成了当前的热门话题。但是改革的重点不应是重新审视业务内容、减少工作时间，而是把时间花在值得的事情上。在此原则指导下，麴町中学的校内委员重新评估了工作内容，分配出更多的时间来帮助需要特别支援的学生和在学校生活中遇到了烦恼或问题的学生。在整体上消除了浪费，同时做了该做的事情，人的心理自然会健康起来。

现在的老师的确很忙。他们的时间被研究教材、辅导学生、处理教务、应对家长等各种事情填满，以至于有老师忍不住感叹"忙到陪自己孩子的时间都没有了"。面对做不完的工作，有些老师会留在学校加班熬夜，有些老师则是把工作带回家做。

在没有加班费的工资体系下，这样的工作常态是违反劳动法规的。于是麴町中学一方面减少老师的工作时间，另一方面并行改善措施。

改进会议管理是提高工作效率的第一步。我们缩短了早会时间，规定口头汇报事项仅限于最重要的事情，其他事项全部写在白板上。如此一来，原本耗时近10分钟的会议，现在每天只需1分钟就能搞定。于是每位老师就能从容地去教室上课了。

白板的书写也用颜色做了区分。需要传达给学生的事项用红色，老师之间共享的事项则用蓝色。并且还严格规定"在早会上不得提及白板上的内容"。因为口头确认会让大家失去看白板的习惯。

另外，我们还导入了校务管理软件，实现了老师间的信息共享。

学校里有各种各样的会议，除了全体教职工参加的员工会议，教务部、学生处、就业指导部等各分管部门也会召开会议。为了提高会议效率，麴町中学对学校现有职能部门进行大幅改组，把原员工会议的议题全权交给各部门直接决定。具体情况如下：

中心运营委员会由校长、副校长和各部门主任共6人组成，下设管理支援部、教务部、生活指导部、就业指导部。各部门的企划无需经由员工会议审批，只要获得运营委员会的同意即可执行。这样一来，既大幅提高了决策速度，又能立刻将老师的想法付诸实践。

当然，运营委员会也会认真检查各部门的企划内容，确认其是否符合学校的上层目的。只要得到了运营委员会的认可，企划案的细节便由各部门全权决定，我对此不再发表任何意见。

为了提高工作效率，我们还调整了成绩单制作和发放时间。成绩单的"意见栏"往往是需要老师花费最多精力的地方，并且这项工作还必须在最忙的期末完成。

为了减轻老师的负担，我们决定将写"意见栏"的次数从3次减少到2次。但成绩单的发放次数保持不变。我们学校每年发放4次成绩单，分别是在6月下旬、10月上旬、12月下旬、3月上旬，但只在10月上旬和3月上旬写意见栏。10月上旬和3月上旬之前分别是学校的寒假和暑假，这样老师就有足够的时间，可以根据学生的情况慢慢去思考如何写意见栏了。

全国各地举办的公开研讨会对老师来说也是一种负担。在日本，很多学校不仅开设研讨课，还会每年召开若干次邀请校外人士参加的研讨会。虽然日本这套特有的培训体系受到了外国同行的高度好评，但举办研讨会不仅要占用学校半天的上课时间，而且也给老师带来了很大的负担，未免有点得不偿失。

公开研讨会结束后，一般会邀请大学老师对研讨会内容进行讲评，但老师们对这个环节似乎并不感兴趣，有些老师甚至都睡着了。大概是觉得内容与自己无关，对自己"没用"吧？的确，众口难调，一场研讨会往往很难让所有老师都满意。

基于这样的理由，我在新宿区教委任教育指导员时，曾提议全面废除公开研讨会，但受到了学校的反对，最终未能实现。来麴町中学任职后，因为必须完成区里指定的研究课题，所以姑且举办了一次，之后就再没有举办过传统的公开研讨会。取而代之的是以公开讲座形式举办的研讨会或专题培训，会议和培训诚邀全国各界人士参加。

在习惯于墨守成规的学校里，因循守旧的现象比比皆是。2000年我去东京都教委担任行政职务时强烈认识到了这一点。

当时的我没有现在这么忙，于是去拜访了许多人。其中一位是从企业老总的位子调去都立高岛高中担任校长的内田睦夫先生，他是都立高中首次聘请的两位"野路子校长"中的一位。

内田先生的学校管理理念对当时的我来说是崭新的。他从日立制作所的关联公司离职后，作为"野路子校长"到东京都立高岛高中任职，对"效率"的极致追求是他管理学校的方式，这是很多教育人士不曾意识到的。

听说内田先生在企业工作的时候，为了提高工作效率曾佩戴计步器上班。结果发现自己一天走了8500步，按1分钟走100步计算，相当于走了85分钟。为了减少时间上的浪费，他调整了在公司的移动路线，于是每天的步数少了近一半，变成了4500步，也就等于多出来了40分钟时间。

内田先生的"精打细算"迅速渗透到了高岛高中的方方面面。当时，高岛高中的学生厕所没有门，从外面可以看到整个厕所，这给学生带来了很大不便。于是，学校决定在每个厕所的入口处安装一扇门，并委托公司做了报价。安装一处10万日元，一共要花100万日元，结果被教委以"预算紧张"为由拒绝了。如果换成其他人，肯定会就此放弃，但内田先生没有。他让员工们去家居卖场买来了4000日元一张的门帘，把它挂在入口处取代了门。门帘共花费4万日元，也就等于节约了96万日元。

内田先生做的每一件事都颇有企业家风范，让我大受启发。也许有人会认为"学校和企业不同"，但在我看来，不管是学校还是企业，该精打细算的地方就要精打细算，能拿来借鉴的方法就应该拿来借鉴。

与脑神经科学家共同策划教师培训

老师在班级管理和学生指导方面有丰富的知识和经验。他们懂得如何去表扬或批评、如何唤起学生的学习动力以及如何激发学生的学习热情等。越是资深的老师，拥有的知识和经验就越多，并且他们会将这些运用到自己的日常教学当中。

这些知识和经验在老师们看来无疑都是"正确的""有效的"，但是却都没有得到过科学证实。为了对它们做出科学上的分析和评价，我校从2018年开始举办基于脑神经科学视角的教师培训。合作人是DAncing Einstein 公司的代表青砥瑞人。他从日本高中退学后去了美国，在加州大学洛杉矶分校（UCLA）从事脑神经科学研究，是一位大脑方面的专家。

如果能从脑科学的角度证实老师凭知识和经验所做的教学指导是正确有效的，那就等于给我们吃了一颗定心丸。只要搞清楚自主学习在脑科学上的反映，我们就能更加理性客观地对指导方式、环境设定、说话方式等进行归纳总结，也就能进一步提高教学质量。当然，也有一些领域早已得到科学证实，比如基于教育心理学的心理咨询法等。但如果能在脑细胞层面对其进行论证，我相信其成果一定是无可比拟的。

当我把这个想法说给大阪市立大空小学的原校长木村泰子女士听时，她特别感兴趣，之后每次都会从大阪带着便当过来参加我们的培训。

在由木村女士担任第一任校长的大空小学里，需要特殊照顾和关怀的儿童占到了全校学生的一成左右。这所学校的教学实践曾被拍成纪录片《大家的学校》，受到了社会的广泛关注。木村女士自2006年4月建校以来连续9年担任该校校长，2015年3月退休后开始在全国巡回演讲。

在几年前的一次公开讲座上，我有幸结识了木村女士。我俩有着相同的教育观念，见面不到一分钟就聊得十分投机。讲座结束后，我们一直保持着密切的联系，她经常会开玩笑说："我俩前世应该是一对双胞胎。"

大空小学的教学实践活动为的是保障所有孩子学习的权利。这个理念渗透到了教学活动的方方面面。比如，如果有孩子坐不住，总是到处乱跑，学校一般会认为是这个孩子有问题，但在大空小学则不然。在这里，"坐不住"不过是发育过程中的某一阶段特征，并不是孩子有问题。大家会认真去探究孩子真正的需求，设身处地地为孩子着想。大空小学没有"包容""特殊照顾"之类的说法，有的只是认真对待身边的每一个孩子。

学校里的很多问题其实都是"人为制造"的。比如，上课时有几个一年级学生从教室里跑了出来。大家称这种现象为"小一问题"，并将它认定为一个教学课题。但木村女士对此并不认同："跑一下而已，为什么不行？"她这个问题其实也是对现行课堂教学模式发出的质疑。我想应该是源自"通用设计"这个概念吧。木村女士指出，老师首先要思考：为什么孩子会离开教室？然后围绕这个问题深入讨论，同时要让孩子们也参与到讨论中来，这一点非常关键。

木村女士在大空小学开展的教学实践活动和我在麹町中学所做的尝试有很多共通之处。虽然我们对这样的教学实践抱有坚定的信心，但它并不是当前学校教育的主流。于是我开始好奇，究竟脑神经科学会如何评价这些实践活动。

我们的培训对外开放，本校老师和外校人员都可以参加。在第一节培训课上，大家5-6人一组，讨论"孩子们给自己带来的困扰"。接着，大家把讨论的内容写在便签纸上，并对其进行归纳整理。在第二节培训课上，木村女士和我会从第一节课的便签纸中挑选出一些"困扰",并给出我们的解决方案,然后请青砥先生从脑神经科学的角度对方案做出评价解说。另外,我们也请青砥先生评价了大空小学和麴町中学"废除固定班主任制"对孩子们产生的影响。青砥先生从细胞分子层面对方法的合理性进行了论证,真是别开生面。

脑神经科学家青砥先生指出,如果一个人所处的环境不够安心、安全,那么这个人的大脑就会陷入焦虑。在这种状态下,大脑控制情绪、负责学习以及管控身体等功能就会受到抑制。所以,如果老师不能为身心发育稍有不同的孩子提供一个安心、安全的环境,那么这些孩子的大脑就会启动防卫机制,陷入恶性循环。

我相信,今后脑神经科学一定会很大程度上影响并改变学校的课堂形式和教学模式。

这次培训的另一个意义是:校外人员的参与让培训碰撞出了更多精彩的火花。我甚至认为正是这些不同人员的参与成就了这次精彩的培训。参与培训的人年龄和立场各不相同。从大学生到公司的上班族,再到电影工作者,甚至还有经济产业省和文部科学省的职员等。他们并不都是喜欢学校的人,里面甚至还有因小时候在学校被欺负而对学校心怀恐惧的人。这些来自各方面的意见和想法不仅触动了老师们的心,也让他们有了更多思考和感悟。这在只有老师参加的培训中是绝对不会出现的。

我对学校教育新模式的构想

在这个瞬息万变的时代，学校和社会应该何去何从？在本书的最后，我将回顾自己的教师生涯，说说我所构想的学校教育的新方向。

培养"想快点长大"的孩子

我在山形县鹤冈市出生长大。鹤冈市过去被叫做庄内藩，是藤泽周平作品中"海坂藩"的原型。江户时代的庄内藩有一所名为"致道馆"的藩校，它的办学理念是"让孩子们根据自己的意愿做决定"。幕府末期，庄内藩的藩士们势力非常强大，在戊辰战争中表现出了无敌的战斗力。有专家分析，这种强大可能正是源自藩里的人才培养方针——自主做出判断并自觉采取行动。

虽然这段历史我是后来才知道的，但我常常在想，自己这种把"自律"看得比什么都重要的价值观，或许就是在鹤冈的时候一点点培养起来的。

高中毕业后，我进入东京理科大学学习数学；大学毕业后，回老家山形县做了一名初中数学教师。我的第一份工作是在饱海郡松山町（现已与酒田市合并）的一所中学。在工作的第五年，我决定辞职去东京（当时朋友还开玩笑说："你是不是做了什么错事被开除了？"我笑道："其实才没有呢！"）。不过，和我最爱的孩子们分开真的是一件非常痛苦的事。

我重新参加了东京都的教师招聘考试，在东京开始了新的教师生活。这里的日子与在山形县时截然不同。同时又存在着许多复杂的问题，三言两语说不清楚。

　　比如几名学生带头闯进其他学校惹了麻烦，或者警察听说"有人要举行集会"便找我配合调查，这样的事情总是频频发生。学校周边外来人口居多，其中还有很多外籍居民。我每天都会遇到从未遇到过的新问题和新麻烦。不过，这段特别的经历虽然辛苦，但也留下了很多开心的回忆。

　　接下来我去的是一所所谓的"垃圾学校"。

　　那时的校园里四处散落着吸过的烟头，地板上粘着一层层嚼完的口香糖，每个年级都有二十来个染着黄头发、不穿制服、不换室内鞋的学生在学校里胡作非为，他们会恐吓同学，盗窃财物，甚至对老师暴力相向。在我参加的第一场开学典礼上，大家的态度极为散漫，即使是校长致辞时，学生们一个个依旧东倒西歪地站着，基本没人在听校长讲话。其中有个学生因为嚼口香糖被老师提醒了一下，结果他竟然将口香糖吐在老师的手里。看着眼前这幅场景，我心头涌上了一股难以言喻的悲伤。

　　开学典礼结束不到两周，教室走廊一侧的窗户玻璃全部被打碎，公告栏也被人用刀子划破，连下面的胶合板也被踢得满是窟窿。为了不让图书室、空教室、西侧楼梯上的厕所遭到破坏，我们用厚厚的胶合板和大螺栓将它们全部封了起来，可天花板终究还是难逃满是窟窿的命运。另外，三年级教室里只要有空出来的粉笔盒，立马就会变成烟灰缸。

　　我在给一年级学生上课时，就曾四次碰到二年级学生顺着教学楼外侧的排水管爬上来，然后翻过窗户进入教室的事情。总之这是一所非常糟糕的学校。

　　之后，我成了学校一年级的班主任。与我一同担任该年级班主任的还有一位去年刚送走毕业班的老师。上任后我马上找他商量工作，让他把管教学生的工作交给我。

在开学典礼后第二天举办的一年级学生大会上，我对学生们说了这样一番话："我想对大家说两点。第一，希望你们坚守'做人的底线'。这所学校里有形形色色的学生，可能还有让你们感到害怕的学长。但是有老师在，大家不必担心。你们会看到染头发、穿便服上学的同学，这不是什么大问题。……但是，'珍惜生命、保护人权、远离犯罪'是做人的底线，请大家务必牢记。第二就是获取信任。信任不是一朝一夕能建立起来的，它需要经过很长时间的积累。学习不好没关系。不擅长运动也可以。但是一定要努力去获得大家的信任。为此，希望大家务必做好一件事，那就是打扫卫生。这是一件人人都会却未必人人都能做好的事。希望大家能在这件事上好好下功夫。只要持之以恒，就一定能从中感悟到信任的真谛。让我们一起通过打扫，让学校焕然一新吧。"

"获取信任"是我在山形县当老师时就一直挂在嘴边的。在山形的从教经历让我确信，打扫卫生是一项让学生获取信任的基础教育。当看到这所学校的校风如此败坏时，我立刻想到了这一点。那时候，面对学校糟糕的现状，老师、学生、家长全部都在推卸责任。但我坚信，只要学生和老师齐心协力，把学校一点点地收拾干净，总有一天大家会以主人翁的姿态与学校荣辱与共。

为了和其他老师在学生生活指导上达成共识，我对同年级的老师们也提出了两项基本方针，内容与年级会议上对学生说的基本一样：①教学要张弛有度。要把与生命、人权相关的事情和其他事情分开。②由数名老师共同负责一名学生。老师之间不要分享消极信息，而应该积极发现孩子的优点并彼此共享。

混乱的校风，染着金发穿着便服在校园内肆无忌惮的学生，这一切的确让我大为震撼，但我也学会了坦然接受。因为无论是在校风混乱的学校，还是在校风优良的学校，要做的事情都是一样的。我已经做好了沉着应对的心理准备。

为了与学生建立信任，我试图与他们进行正面沟通，我告诉他们："无论发生什么事情，我都会和你们站在一起。但是，如果有人触犯了法律，那我一定会叫警察。危及生命的事、与人权有关的事、触犯法律的事是万万不能做的。请务必牢记这一点。"

没过多久，"工藤老师好像有点不一样"这样的评价在二年级、三年级里传开了。我知道，一定是那些默默支持着我的老师在帮我做学生们的思想工作呢。大家真的帮了我很大的忙。

有一天发生了这样一件事。

我正在上课的时候，突然外面传来特别大的噪声。出去一看才发现，原来是一群学生在走廊上踢球。不堪其扰的我直接呵斥道："别在这里玩儿，我正在上课呢！"因为实在太吵，我又把他们叫到教室里批评了一顿。我说了句"不想听就在旁边看看漫画，别妨碍别人"，然后就接着上课了，（第一次对学生说这样的话，倒觉得蛮有意思，忍不住在心里笑了起来。）没想到带头的那名学生竟然带着其他几名同学在教室前方的空座位上坐下，开始听起课来。

难得他们肯坐下来听讲，为了吸引他们的注意力，我使出浑身解数，只希望能把课讲得更生动点。还好，功夫不负有心人，他们一直挺直身子听我讲到了最后。

从那以后，他们几乎每次都会来上我的课，并且还会坐最前排的座位。现在想来，学校也真的离谱得可以。要知道他们当时可是逃掉自己的课过来听讲的，竟然没有一个人批评他们，从某种意义上说，这也算是学校的灵活应对吧（笑）。

之前我也提过，之所以在全年级普及"清洁卫生齐动手"的理念，其实还有另外一个目的，那就是和一年级新生携手努力，让学校在他们毕业时焕然一新。大扫除的时候，大家不遗余力地对脏兮兮的地板和墙壁进行了清扫。学生用的是硬面海绵擦，简单的擦拭根本无法将那些陈旧的口香糖残渣和香烟烫焦的痕迹清洗干净。不过，只要在同一个地方坚持擦上十分钟，地板就会干净起来。

于是，那些看起来很难搞定的刺头学生们也开始专心打扫起卫生来。他们只要看到我，就会自豪地向我炫耀："老师您看，地板很干净吧！"说完又汗流浃背地继续打扫去了。随着这届学生逐步升入高年级，校园也变得越来越干净。孩子们对自己的劳动成果也格外爱惜，不会去破坏，更舍不得弄脏。大家还一起学习了刷漆的方法。他们重新粉刷了墙壁，更换了公告栏，还换了新墙纸，整个学校焕然一新。这些变化让前来参观的家长们惊得目瞪口呆。

学校逐渐发生了变化，当我负责的学生从一年级升到三年级时，不过两年时间，学校已经完全恢复正常。春假期间，我们重新开放了尘封数年的图书室、空教室、厕所等设施，并和学生们一起进行了重新装修。散落的烟蒂消失了，玻璃又回到了窗户上。

在我上任的第一年还发生过这样一件事。

因为暴力恐吓事件频频发生，我向校长提出了召集家长来学校开一场临时家长会的想法。全年级的授课老师和辅导老师也都来参加了。

虽然家长对临时家长会的召开颇有微词，但我告诉他们，再这样下去这个学校就完蛋了。和对学生说的一样，我对家长们也说了"珍惜生命和人权，杜绝犯罪"这样的话。我希望家长能与我统一战线，一起为孩子们的成长保驾护航。因为我希望在教育这件事上，家长能有当事人意识。我还告诉大家，学校是由老师和学生的父母一起创建的。

在恢复正常的第三年，还发生了这样一件事。

有一天，我带的一名三年级学生半夜联系我说，已经毕业的学长叫他第二天晚上出去一趟。既然是这样，那就只能"如期赴约"，于是我赶紧联系相关家长，约定第二天早上召开临时家长会。经过讨论，决定由家长和老师代替学生赴约，大家一起去现场抓毕业生。

晚上6点左右，家长们陆续来到学校，似乎还有家长向社区打了招呼，以至于最终一共聚集了50来人。其他年级的老师也纷纷过来给我们加油。大家排成两三排，我站在队伍的最前面，带着大家朝公园走去。（一切就像电视剧一样不可思议，但又不由得被这股凝聚力感动。）之后，我们就在公园里等着，可左等右等就是不见人影，最后终于来了一个。一位情绪激动的家长命令他把所有人都叫出来。等所有涉事毕业生都被叫过来后，全体学生家长要求他们立下保证"今后绝对不再恐吓勒索在校学生"。当时那种魄力真可谓非同一般。从那天起，这种代代相传的学长学姐欺负学弟学妹的现象就此画上了句号。

在山形和东京的从教经历让我结识了形形色色的学生和家长。在与大家的相处过程中，我深刻地认识到"是孩子们在教我如何当一名合格的老师"。

曾经的那些刺头学生们，有一些后来找到了自己的出路，并积极活跃在社会第一线。其中有一位现在是Adways公司的社长冈村阳久，他在26岁时带领公司在东证创业板上市，成为史上最年轻的上市公司老板。冈村阳久是我在台东区一所中学任教时的学生。他和另外两个关系很好的同学组成了当时的"刺头三人组"，其他二人就不在这里多做介绍了。我和冈村君至今还保持着联系。我有时候会想，对于从高中退学，在推销行业里摸爬滚打，然后白手起家创立广告公司的他来说，初中究竟意味着什么呢？

我自己当时也做了很多教学方面的尝试，以我现在当校长的立场和经验来看，当时的我还真的做了不少"荒唐事"，希望有一天能和他们一起聊聊那些往事。

如今，社会上到处都是负面新闻。政治家的失言、丑闻、企业的丑闻、残忍卑劣的犯罪等，在电视、网络、智能手机等各类媒介的传播下，孩子们很难对这些视而不见。最让我担心的是，这些负面新闻很可能会导致孩子们产生"社会糟糕透了""不想长大"这样的负面情绪。

这些报道仅反映出现实社会的一个方面。我们身边还有很多为社会尽职尽责的大人，这些人才是广大青少年学习的榜样。为了能让孩子们有更多机会接触到这些有魅力的大人，麴町中学一直在不懈地努力。

近年来，教育界指出要提升孩子们的"自我肯定感"。这与我的想法不谋而合，但是，"自我肯定感"这个词有点生硬，一般人很难理解。为了能更通俗易懂地传达给学生们，我将本校的最高目标设定为：一所能让所有孩子相信"社会是美好的！大人很了不起！"的学校。

这种表述方式似乎不太适合用来作为学校的目标，但是却获得了家长的大力支持。因为比起晦涩难懂的专业术语，它要通俗易懂得多。

实现这个目标的关键是要让孩子们自律。而要想培养孩子遇事自主思考对策并团结周围力量共同解决问题的能力，首先要让他们相信"社会是美好的！大人很了不起！"。有些人之所以会有"社会糟糕透了""不想长大"的想法，是因为他们已经放弃了凭自己的力量解决问题，只会把责任推卸给别人。要想让孩子们自律并盼望着"尽快长大成人"，关键是我们大人要把独立思考、判断、决定、行动的机会交给他们，不要做过多的干涉。家庭作业、定期考试、固定班主任制的废除等，都是为了实现这个目标而实施的。

大人们必须认识到一点：越是事无巨细地照顾，孩子就越无法自律。

提供的选择越少，未来的道路就会越宽广

家庭作业和定期考试的全面废除可能会给人带来不重视学习成绩的印象。然而，事实并非如此，不仅我个人很重视学习成绩，我们学校也全力引导学生做出人生规划。但是话说回来，我并不认为以五门功课为主的学习成绩会成为今后社会的人才通用标准。如果不具备解决矛盾、情绪管理、统筹规划、团队协作等能力，日后一定会栽跟头。而在培养这些非认知能力之前，我们首先需要一个"标准"来衡量能力掌握与否。

如前所述，我在参考了亚太经合组织DeSeCo项目中的三项核心素养（理想的行为特征）的基础上，制定了与本校"人才培养目标"相关的八项素养。

以五门功课为主的学习成绩，相当于图5.1中右下方的"综合应用能力"部分。而本校的"人才培养目标"则相当于"在任何场合都能举止得体，应对自如""收集可靠的知识和信息并加以有效利用"的部分。

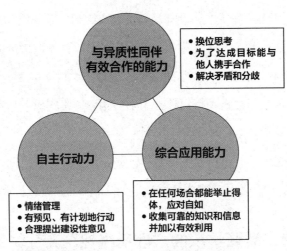

图5.1 麹町中学的人才培养目标和三项素养

这里最值得注意的是"综合"这个词。比起单个的知识、技术、技能，更重要的是在进入社会与人打交道时灵活应用它们的能力。这也是新教学大纲中提到主动学习的原因。

另外，"与异质性同伴有效合作的能力"和"自主行动力"等能力，仅靠讲授式教学是无法掌握的。为此，我们学校开展了各种教学实践。

第3章中介绍的"探索教育"和"技能提升集训"是为了提高"与异质性同伴有效合作的能力"的实践，而用"手账"管理时间、全面废除家庭作业和定期考试则是为了提高"自主行动力"。

比方说，有一个叫"未踏青少年"的竞赛，它面向的是17岁以下的小学、初中、高中学生，是一项让孩子们在各领域专家的指导下进行硬件或软件开发的比赛。举办目的是发掘和培养具有创造性思维和卓越技术的创新人才。所以，学校在对学生进行学习指导和就业指导时，也应该考虑到这些职业。

"未踏青少年"只是一个例子。不光是IT领域，其他职业也是如此。做一个有一技之长的人——这种决心会对人的一生产生巨大的影响，不管是想成为糕点师、寿司师，还是建筑师、设计师。成功的大人应该都知道，即使今后因为遇到挫折不得以选择了别的路，这段经历也绝不会白费，它会让你的未来充满无限的可能性。

在当今这个社会，拥有一技之长，会让人生有更多的可能性。说句稍欠妥贴的话，我一直认为提供的选择越少，未来的道路就越宽广。

紧跟时代，质疑学校的"理所当然"

和老师一样，校长和副校长（以及教导主任）也必须自律。只要学校的行政管理人员能自主投入学校管理，那么即使有条条框框的约束，也能让公立学校发生天翻地覆的变化。

阻碍变革的不是"法律"和"制度"，而是"人"。

很多教育工作者只知道因循守旧，对不合理、无效率的情况总是选择视而不见。所以，我们首先要做的是对学校的"理所当然"提出质疑。

比如，教室里"理所当然"会有的黑板和粉笔、讲台和桌椅，没有人会觉得这样的布置有什么不妥。而作为一名教育工作者，我们应该时刻带着"这真的适合当代社会吗？有没有更好的教育环境？"这样的疑问投入到工作当中。

可话虽如此，要想改变粉笔加黑板的教学模式却并非一件容易的事。除了经费问题，还有一个最大的难题，就是大多数老师对这种模式的习惯与坚持。我曾听一位教育人士说过："这是延续了100多年的模式，即使再过100年也不会改变。"

不过事在人为。只要方法得当，就没有颠覆不了的"理所当然"。

在新宿区教委担任教育指导员时，我曾下令撤掉区里40所中小学所有教室里的黑板，然后给每个教室配置了白板和ICT设备。这套机制曾被引进到目黑中央中学，反响很好，所以我也想把它引进到新宿区。

可是这一次，大家没能达成统一意见，最初还出现了不少反对的声音。不过我坚信，要想呈现出精彩易懂的课堂，我们必须改变教室的环境。为此，我与各方进行了反复沟通，极力强调了改变的必要性。

在某一年的年初会谈上，学校工会的委员代表们提出了各种要求，同时对引进ICT设备提出了反对意见，理由是担心会增加老师的负担。尽管我向大家仔细解释了引进ICT的意义和预期效果，可是并没有得到大家的理解。通常事情到此就结束了，作为负责人，我也算是尽到了应尽的义务，但我还是挽留了他们："请等一下。我们能不能再多聊一会儿？我们来讨论一下，怎样才是对孩子们好？一起为引进ICT努力一次试试，好不好？"

工会代表们没想到我会说出这样一番话，神情颇为惊讶。一部分人留了下来，在一个单独的房间里听我把话说完后，大家又继续就此展开讨论，不知不觉中好几个小时就过去了。关于ICT化的意义和目标，我是这样说的："对于老师来讲，如果操作起来太麻烦，那么不管多么先进的设备，最终都会被束之高阁。但如果操作起来很方便，那么无论是擅长ICT的老师，还是不擅长的老师，最终大家都会欣然接受这个好东西。"

对于ICT的引进，我看重的是"便于操作"和"便于管理"这两点。因为无论多么好的东西，如果用户体验太差，大家就不会去用。而智能手机之所以能如此普及，就是因为它操作便捷，也不需要特别的维护。

之前文部科学省也在积极推进教室的ICT化，主要以使用电子黑板为主。电子黑板的功能的确非常强大，但是对于大多数老师来说，它的操作方法过于复杂，很难熟练掌握。另外，把它放在教室角落会占用教室空间，放在别的地方，每堂课搬来搬去又非常费事。结果就是花了几百万日元引进却几乎没有使用，这样的情况在全日本的学校里比比皆是。

在推进新宿区学校的ICT化时，我致力打造一个人人都想要用它的环境，无论是擅长ICT的老师还是不擅长的老师以及我们的孩子们。当然，因为预算有限，我们必须控制成本。为了找到最理想、最划算的设备，我跑遍了所有公司和学校。最终，区里决定给700多个教室导入新宿区独自设计的ICT环境。能走到这一步，靠的不仅是区政府和教委的努力，同时还有学校相关人员和各公司，他们不顾自身利益、像亲人一样给了我们莫大的帮助。而我最想要感谢的是那些一直带着满腔热情投入工作的新宿项目组同事们。

一般在引进ICT时会向大家展示一些应用案例，但是新宿区没有这样做。因为我认为，老师本来就是教育专家，有效的教学方法应该由教师自己来设计。提供老一套的事例供大家模仿，无异于是在剥夺教师的自主权。

事实上，新宿区的老师们在ICT环境下陆续推出了许多新的教学方法。如今，在新宿区的中小学，课堂上使用短焦投影机、实物投影机、电脑等设备已成了家常便饭。所以说，只要老师自主行动起来，那些所谓的"100年也不会改变"的教学模式也是可以改变的。

教学环境不是一成不变的。我们应该跟随时代的脚步，不断对其进行反思、改良、创新。更重要的是，要敢于质疑一切"理所当然"，并从目的和手段的角度对其进行改进。

学校教育与社会发展

学校为何存在？正如我在书里多次提及的那样，学校是一个提供学习机会的场所，为的是让人能更好地立足于社会。而要想更好地立足于社会，必须懂得控制情绪，懂得通过反复沟通找到共同目的以及达成目的的手段。这个过程非常重要。社会也只有通过这样的方式才能成为更好的民主社会。

社会上有形形色色的人，自然就会有各种各样的想法，有矛盾也就在所难免。制定法律法规是民主社会解决冲突的方式。如果法律错了，则需通过适当的程序予以修正。

以学校的体罚为例。在日本，"体罚容忍论"根深蒂固。电视节目不时会就"体罚的利与弊"展开讨论，并且会有近一半人表示"多少应该容忍"。

但是日本《学校教育法》明文规定禁止体罚。无论什么理由，体罚都是不被允许的。所以，"体罚的利与弊"根本不应该成为讨论的话题。如果以"爱的鞭策""家长许可"等理由对学生动手，那就等于是否定民主社会。

我是坚决反对体罚的。上高中时，我曾因荒唐的理由遭到了老师的体罚。现在回想起来，与其说是体罚，不如说是老师为了泄私愤而对我施加了暴行。我被他狠狠地揍了一顿，嘴里的伤口导致我将近两个星期没法吃东西。脸上也被打出了淤青。因为有过这样的经历，所以我对体罚深恶痛绝。在我看来，体罚是不能原谅的。我也在心里暗暗发誓，无论遇到什么情况，都绝不对学生动手。

可即便这样，我也不敢轻言自己在教师生涯中真的没有体罚过学生。

老实说，我确实有对学生们说过强硬的话，也施加过压力。带着对过往的反省，我想在这里表达一下自己的看法。

什么是民主社会？很多人在回答这个问题时一定想到了"多数公决原则"。通过选举选出代表的机制当然很有必要，但这并不意味着只要成为选举中的多数派，就可以为所欲为。

在遵循多数公决原则的同时尊重少数意见，这才是民主社会应该有的姿态。而难就难在如何在听取少数派意见的基础上达成共识。这一步没做到位，就会形成不必要的对立关系，会让讨论朝着意想不到的方向发展。

那么，要想就更高层次的目标达成共识，人们需要具备什么样的素质呢？提高每个人"合理提出建设性意见""解决矛盾和分歧""控制情绪"等能力是培养健康的公民意识、建立民主社会的基础。即便是看上去截然不同的两种想法，通过沟通后可能会发现，二者的上层目标其实是一致的。同时，抱着沟通的态度也能让人平心静气地参与讨论。只要不断积累这样的经验，便会懂得如何与他人合作，也就不会再对矛盾感到恐惧。而学校教育对民主社会的形成发挥着至关重要的作用。

如今大家对当领导的兴致似乎降低了很多。不仅学校里想当校长、副校长的人有减少的趋势，公司更是如此，听说选技术岗位的人比选经理岗位的人要多得多。现在想当领导的人之所以少，很可能是不想作为"负责人"成为众矢之的的心理在作祟。可以说这是现行教育方式的必然产物——学校一直将学生"视为客人"，在他们成长的过程中不曾给过他们自主的机会。对此我们必须立刻予以纠正。

在选学生会主席、年级委员长、班级委员时，我曾和几个我认为合适的学生打过招呼。我对他们说："你不做谁做？只有在承担风险中积累经验，才能成为真正的领导者。"之后，在陪伴他们成长的同时，我也在用这番话督促着自己前行。

而我之所以会有当校长的想法，也是因为在学校里有过如暴风雨般的艰难日子。在面对艰巨任务的时候，我时常会感到作为基层教师的无奈和力不从心。解决问题、让学校变得更好的关键是调动起团队的力量，而要做到这一点，就必须成为领导者。

新时代的学校教育模式

如何才能让学校改变？我的回答是，找回教育的本质，或者说是回溯学校的本源。

不要在现有制度下思考学校存在的意义。学校应该由学生、家长、老师共同朝着最上层目标，从零开始重新构建。

这件事做起来并不难，但需要的是为了解决问题而与人正面沟通并达成共识的经验。这样的经验对于人的一生也是至关重要的。

积微致著。希望有朝一日，自主开展的草根活动能掀起大的波澜，推动教育发生根本性的变革。我坚信，奥赛罗的棋子一定会有被一举掀翻的那一天。

勇于改变，与学生共同成长

我所描绘的教育理念、人才培养论、组织论，全部都是和孩子们共同学习、思考得来的。

我有过很多次这样的经历，正在焦头烂额的我一看到孩子就会冷不丁地冒出一句自己从来没有想过的话。这句话不仅会左右孩子们的方向，也会左右自己的方向。

我衷心感谢孩子们给我带来的灵感。

老实说，小时候我并不想当领导。甚至认为，如果可以，我愿永远做个"老二"。是孩子们让我认识到了"成为领导"的重要性。

也多亏了孩子们，我才能从刚上班时那个不会整理、文件堆积如山的人，变成现在这个会苦口婆心地对孩子们讲"整理整顿是与人合作的前提""请爱惜教室里的每一块地板"的人。要是没有他们，我也不会有这样的改变。

我这里有两份毕业答谢辞，是在第4章中提到的在学校校风极差时入学的那届学生的学生代表在毕业典礼上宣读的答谢辞。我联系了这两名毕业生并得到了摘录的许可，现予以转载。

"今天，3月19日，是我们毕业的日子。从入学到今天，一晃已经过去了三年，这三年的时光对我们来说是无可替代的，更是难以忘怀的。

"刚进学校那会儿，很多人对学校充满了不安和恐惧，每一天都过得非常煎熬。不过，每当我们遇到困难和烦恼的时候，老师都会陪伴在我们身边，和我们一起思考。在休息时间，他们也会和我们一起玩。老师对我们的关心和呵护，我们心里比谁都清楚……

"第二点是，原来有那么多人都在认真地过着自己的生活。让我意识到这一点是初一时参加的一次职场访问活动。走访各种各样的职场，结识形形色色的人，在这个过程中，我感受到了工作的艰辛，也体会到了工作带来的喜悦。这次活动给我们这些即将进入高中或走上社会的人上了重要的一课：幸福与否，应该听从自己内心的感受，而不该交由他人决定。自己选择的路便是最合适的路。那些独立自主、不人云亦云的朋友让我见识到了什么是'成熟'……"

接着，另一位学生代表在致答谢词时讲了这样一段话：

"在这3年里，我学到了很多东西，包括人际交往方式、被人信任的感觉，以及工作是怎么一回事……

"正因为我们年级有那么多对待工作兢兢业业的人，很多事情才能得以实现。比如，午休时段开放操场、开放图书室、举办义工活动等都是我们年级全体师生爱岗敬业的成果。

"同学们，学校正在慢慢地走上正轨。这是我们群策群力、共同努力的结果。大家的态度关系着学校的未来，请肩负起我们共同的使命，一起努力加油……"

这些年，我在多所学校和教委工作过。我把每一次的困难都当成了自我历练、自我提高的机会。同时这些工作经历也让我认识到"这个世界上优秀的人太多了"。

很多一开始觉得"不可能办到"的事情，只要从"我能为孩子做些什么"的角度来考虑，最终大部分都做成功了。"学校"是一个让人成长的地方，所有与学校有关的人，包括学生、家长、老师、社区居民等，都能从中获得成长。

让我感触颇深的是，在各方不断的探讨努力下，"鼓励发展个性"和"让大家齐头并进"这两个看似矛盾的命题开始以更和谐的方式共存，这也对建设"更好的学校""更好的社会"起到了积极的推动作用。此时此刻的我依然坚信二者可以共存，并且依然在教育一线为之努力奋斗。这让我感到无比的幸福。

衷心希望麹町中学现在的"理所当然"能成为所有学校的"理所当然"。希望正在读这本书的你能够对自己的"理所当然"进行重新审视，并找到新的"理所当然"。这样的话，学校就会成为一个充满活力、充满乐趣的地方。并且我真心相信，如果所有人都能这样想，世界也就和平了。作为一名教育工作者，我纯粹就是这样想的。

在这里我要感谢很多人。

刚开始工作的时候，是山形县的孩子们和共事的老师们让我领略到教书育人的魅力。来东京后，当我为是否放弃当老师而纠结痛苦时，是孩子们和共事的老师们再一次让我选择相信教育。当我被调到那所"垃圾学校"、因看不到出路而仓皇不安时，是身边的人们用自己的行动告诉我"众志成城"。就连我原本讨厌至极的教育委员会，等进去后才发现，原来那里有那么多优秀的人，他们教会了我"有志者事竟成"。另外，我还要感谢现在麹町中学那些来校长办公室串门的孩子们，会在走廊亲切地和我打招呼的孩子们，几乎每天都来校长办公室找我商量课题的老师们、家长们，在这里我无法一一列出大家的名字，但我要向大家表达最诚挚的谢意。

最后，我想以一封在我离开第一份工作地——山形的松山中学时收到的学生来信作为结尾。

他将我在"前言"中所写的在学校后山的美好回忆写成了俳句（他说是俳句，但我觉得应该是短歌）：

工藤老师，和您一起去散步的时光真美好啊。

老师，我想对您说："春风，带着思绪飘向远方。工藤先生，我永远忘不了你。"

希望自己能永远和学生们这样交往下去。

工藤勇一

"常青藤"书系—中青文教师用书总目录

书名	书号	定价
特别推荐——从优秀到卓越系列		
从优秀教师到卓越教师：极具影响力的日常教学策略	9787515312378	33.80
从优秀教学到卓越教学：让学生专注学习的最实用教学指南	9787515324227	39.90
从优秀学校到卓越学校：他们的校长在哪些方面做得更好	9787515325637	59.90
卓越课堂管理（中国教育新闻网2015年度"影响教师的100本书"）	9787515331362	88.00
名师新经典/教育名著		
最难的问题不在考试中：先别教答案，带学生自己找到想问的事	9787515365930	48.00
在芬兰中小学课堂观摩研修的365日	9787515363608	49.00
马文·柯林斯的教育之道：通往卓越教育的路径（《中国教育报》2019年度"教师喜爱的100本书"，中国教育新闻网"影响教师的100本书"。朱永新作序，李希贵力荐）	9787515355122	49.80
如何当好一名学校中层：快速提升中层能力、成就优秀学校的31个高效策略	9787515346519	49.00
像冠军一样教学：引领学生走向卓越的62个教学诀窍	9787515343488	49.00
像冠军一样教学2：引领教师掌握62个教学诀窍的实操手册与教学资源	9787515352022	68.00
如何成为高效能教师	9787515301747	89.00
给教师的101条建议（第三版）（《中国教育报》"最佳图书"奖）	9787515342665	49.00
改善学生课堂表现的50个方法（入选《中国教育报》"影响教师的100本书"）	9787500693536	33.00
改善学生课堂表现的50个方法操作指南：小技巧获得大改变	9787515334783	39.00
美国中小学世界历史读本／世界地理读本／艺术史读本	9787515317397等	106.00
美国语文读本1-6	9787515314624等	252.70
和优秀教师一起读苏霍姆林斯基	9787500698401	27.00
快速破解60个日常教学难题	9787515339320	39.90
美国最好的中学是怎样的——让孩子成为学习高手的乐园	9787515344713	28.00
建立以学习共同体为导向的师生关系：让教育的复杂问题变得简单	9787515353449	33.80
教师成长/专业素养		
教学这件事：感动几代人的教师专业成长指南	9787515367910	49.00
如何更快地变得更好：新教师90天培训计划	9787515365824	59.90
让每个孩子都发光：赋能学生成长、促进教师发展的KIPP学校教育模式	9787515366852	59.00
60秒教师专业发展指南：给教师的239个持续成长建议	9787515366739	59.90
通过积极的师生关系提升学生成绩：给教师的行动清单	9787515356877	49.00
卓越教师工具包：帮你顺利度过从教的前5年	9787515361345	49.00
可见的学习与深度学习：最大化学生的技能、意志力和兴奋感	9787515361116	45.00
学生教给我的17件重要的事：带给你爱、勇气、坚持与创意的人生课堂	9787515361208	39.80
教师如何持续学习与精进	9787515361109	39.00
从实习教师到优秀教师	9787515358673	39.90
像领袖一样教学：改变学生命运，使学生变得更好（中国教育新闻网2015年度"影响教师的100本书"）	9787515355375	49.00
你的第一年：新教师如何生存和发展	9787515351599	33.80
教师精力管理：让教师高效教学，学生自主学习	9787515349169	28.00
如何使学生成为优秀的思考者和学习者：哈佛大学教育学院课堂思考解决方案	9787515348155	49.90
反思性教学：一个已被证明能让教师做到更好的培训项目（30周年纪念版）	9787515347837	59.90
凭什么让学生服你：极具影响力的日常教育策略（中国教育新闻网2017年度"影响教师的100本书"）	9787515347554	28.00
运用积极心理学提高学生成绩（中国教育新闻网2017年度"影响教师的100本书"）	9787515345680	59.90
可见的学习与思维教学：成长型思维教学的54个教学资源：教学资源版	9787515354743	36.00

	书名	书号	定价
★	可见的学习与思维教学：让教学对学生可见，让学习对教师可见（中国教育报2017年度"教师最喜爱的100本书"）	9787515345000	39.90
	教学是一段旅程：成长为卓越教师你一定要知道的事	9787515344478	39.00
	安奈特·布鲁肖写给教师的101首诗	9787515340982	35.00
	万人迷老师养成宝典学习指南	9787515340784	28.00
	中小学教师职业道德培训手册：师德的定义、养成与评估	9787515340777	32.00
	成为顶尖教师的10项修炼（中国教育新闻网2015年度"影响教师的100本书"）	9787515334066	49.90
★	T. E. T. 教师效能训练：一个已被证明能让所有年龄学生做到最好的培训项目（30周年纪念版）（中国教育新闻网2015年度"影响教师的100本书"）	9787515332284	49.00
	教学需要打破常规：全世界最受欢迎的创意教学法（中国教育新闻网2015年度"影响教师的100本书"）	9787515331591	45.00
	给幼儿教师的100个创意：幼儿园班级设计与管理	9787515330310	39.90
	给小学教师的100个创意：发展思维能力	9787515327402	29.00
	给中学教师的100个创意：如何激发学生的天赋和特长 / 杰出的教学 / 快速改善学生课堂表现	9787515330723等	87.90
	以学生为中心的翻转教学11法	9787515328386	29.00
	如何使教师保持职业激情	9787515305868	29.00
★	如何培训高效能教师：来自全美权威教师培训项目的建议	9787515324685	39.90
	良好教学效果的12试金石：每天都需要专注的事情清单	9787515326283	29.90
★	让每个学生主动参与学习的37个技巧	9787515320526	45.00
	给教师的40堂培训课：教师学习与发展的最佳实操手册	9787515352787	39.90
	提高学生学习效率的9种教学方法	9787515310954	27.80
★	优秀教师的课堂艺术：唤醒快乐积极的教学技能手册	9787515342719	26.00
★	万人迷老师养成宝典（第2版）（入选《中国教育报》"2010年影响教师的100本书"）	9787515342702	39.00
	高效能教师的9个习惯	9787500699316	26.00
课堂教学/课堂管理			
	差异化教学与个性化教学：未来多元课堂的智慧教学解决方案	9787515367095	49.90
	如何设计线上教学细节：快速提升线上课程在线率和课堂学习参与度	9787515365886	49.00
	设计型学习法：教学与学习的重新构想	9787515366982	59.00
	让学习真正在课堂上发生：基于学习状态、高度参与、课堂生态的深度教学	9787515366975	49.00
	让教师变得更好的75个方法：用更少的压力获得更快的成功	9787515365831	49.00
	技术如何改变教学：使用课堂技术创造令人兴奋的学习体验，并让学生对学习记忆深刻	9787515366661	49.00
	课堂上的问题形成技术：老师怎样做，学生才会提出好的问题	9787515366401	45.00
	翻转课堂与项目式学习	9787515365817	45.00
★	优秀教师一定要知道的19件事：回答教师核心素养问题，解读为什么要向优秀者看齐	9787515366630	39.00
	从作业设计开始的30个创意教学法：运用互动反馈循环实现深度学习	9787515366364	59.00
	基于课堂中精准理解的教学设计	9787515365909	49.00
	如何创建培养自主学习者的课堂管理系统	9787515365879	49.00
	如何设计深度学习的课堂：引导学生学习的176个教学工具	9787515366715	49.90
	如何提高课堂创意与参与度：每个教师都可以使用的178个教学工具	9787515365763	49.90
	如何激活学生思维：激励学生学习与思考的187个教学工具	9787515365770	49.90
	男孩不难教：男孩学业、态度、行为问题的新解决方案	9787515364827	49.00
★	高度参与的线上线下融合式教学设计：极具影响力的备课、上课、练习、评价项目教学法	9787515364438	49.00
★	跨学科项目式教学：通过"+1"教学法进行计划、管理和评估	9787515361086	49.00
	课堂上最重要的56件事	9787515360775	35.00
★	全脑教学与游戏教学法	9787515360690	39.00
★	深度教学：运用苏格拉底式提问法有效开展备课设计和课堂教学	9787515360591	49.90

书名	书号	定价
一看就会的课堂设计：三个步骤快速构建完整的课堂管理体系	9787515360584	39.90
如何有效激发学生学习兴趣	9787515360577	38.00
如何解决课堂上最关键的9个问题	9787515360195	49.00
多元智能教学法：挖掘每一个学生的最大潜能	9787515359885	39.90
探究式教学：让学生学会思考的四个步骤	9787515359496	39.90
课堂提问的技术与艺术	9787515358925	49.00
如何在课堂上实现卓越的教与学	9787515358321	49.00
基于学习风格的差异化教学	9787515358437	39.90
如何在课堂上提问：好问题胜过好答案	9787515358253	39.90
高度参与的课堂：提高学生专注力的沉浸式教学	9787515357522	39.90
让学习变得有趣	9787515357782	39.00
如何利用学校网络进行项目式学习和个性化学习	9787515357591	39.90
基于问题导向的互动式、启发式与探究式课堂教学法	9787515356792	49.00
如何在课堂中使用讨论：引导学生讨论式学习的60种课堂活动	9787515357027	38.00
如何在课堂中使用差异化教学	9787515357010	39.90
如何在课堂中培养成长型思维	9787515356754	39.90
每一位教师都是领导者：重新定义教学领导力	9787515356518	39.90
教室里的1-2-3魔法教学：美国广泛使用的从学前到八年级的有效课堂纪律管理	9787515355986	39.90
如何在课堂中使用布卢姆教育目标分类法	9787515355658	39.00
如何在课堂上使用学习评估	9787515355597	39.00
7天建立行之有效的课堂管理系统：以学生为中心的分层式正面管教	9787515355269	29.90
积极课堂：如何更好地解决课堂纪律与学生的冲突	9787515354590	38.00
设计智慧课堂：培养学生一生受用的学习习惯与思维方式	9787515352770	39.00
追求学习结果的88个经典教学设计：轻松打造学生积极参与的互动课堂	9787515353524	39.00
从备课开始的100个课堂活动设计：创造积极课堂环境和学习乐趣的教师工具包	9787515353432	33.80
老师怎么教，学生才能记得住	9787515353067	48.00
多维互动式课堂管理：50个行之有效的方法助你事半功倍	9787515353395	39.80
智能课堂设计清单：帮助教师建立一套规范程序和做事方法	9787515352985	49.90
提升学生小组合作学习的56个策略：让学生变得专注、自信、会学习	9787515352954	29.90
快速处理学生行为问题的52个方法：让学生变得自律、专注、爱学习	9787515352428	39.00
王牌教学法：罗恩·克拉克学校的创意课堂	9787515352145	39.80
让学生快速融入课堂的88个趣味游戏：让上课变得新颖、紧凑、有成效	9787515351889	39.00
如何调动与激励学生：唤醒每个内在学习者（李希贵校长推荐全校教师研读）	9787515350448	39.80
合作学习技能35课：培养学生的协作能力和未来竞争力	9787515340524	59.00
基于课程标准的STEM教学设计：有趣有料有效的STEM跨学科培养教学方案	9787515349879	68.00
如何设计教学细节：好课堂是设计出来的	9787515349152	39.00
15秒课堂管理法：让上课变得有料、有趣、有秩序	9787515348490	49.00
混合式教学：技术工具辅助教学实操手册	9787515347073	39.80
从备课开始的50个创意教学法	9787515346618	39.00
中学生实现成绩突破的40个引导方法	9787515345192	33.00
给小学教师的100个简单的科学实验创意	9787515342481	39.00
老师如何提问，学生才会思考	9787515341217	49.00
教师如何提高学生小组合作学习效率	9787515340340	39.00
卓越教师的200条教学策略	9787515340401	49.90
中小学生执行力训练手册：教出高效、专注、有自信的学生	9787515335384	49.90
从课堂开始的创客教育：培养每一位学生的创造能力	9787515342047	33.00

书名	书号	定价
提高学生学习专注力的8个方法：打造深度学习课堂	9787515333557	35.00
改善学生学习态度的58个建议	9787515324067	36.00
★ 全脑教学（中国教育新闻网2015年度"影响教师的100本书"）	9787515323169	38.00
★ 全脑教学与成长型思维教学：提高学生学习力的92个课堂游戏	9787515349466	39.00
★ 哈佛大学教育学院思维训练课：让学生学会思考的20个方法	9787515325101	59.90
完美结束一堂课的35个好创意	9787515325163	28.00
如何更好地教学：优秀教师一定要知道的事	9787515324609	49.90
带着目的教与学	9787515323978	39.90
★ 美国中小学生社会技能课程与活动（学前阶段/1-3年级/4-6年级/7-12年级）	9787515322537等	215.70
彻底走出教学误区：开启轻松智能课堂管理的45个方法	9787515322285	28.00
破解问题学生的行为密码：如何教好焦虑、逆反、孤僻、暴躁、早熟的学生	9787515322292	36.00
13个教学难题解决手册	9787515320502	28.00
★ 让学生爱上学习的165个课堂游戏	9787515319032	39.00
美国学生游戏与素质训练手册：培养孩子合作、自尊、沟通、情商的103种教育游戏	9787515325156	49.00
老师怎么说，学生才会听	9787515312057	39.00
快乐教学：如何让学生积极与你互动（入选《中国教育报》"影响教师的100本书"）	9787500696087	29.00
★ 老师怎么教，学生才会提问	9787515317410	29.00
★ 快速改善课堂纪律的75个方法	9787515313665	28.00
★ 教学可以很简单：高效能教师轻松教学7法	9787515314457	39.00
★ 好老师可以避免的20个课堂错误（入选《中国教育报》"影响教师的100本图书"）	9787500688785	39.90
★ 好老师应对课堂挑战的25个方法（《给教师的101条建议》作者新书）	9787500699378	25.00
★ 好老师激励后进生的21个课堂技巧	9787515311838	39.80
★ 开始和结束一堂课的50个好创意	9787515312071	29.80
好老师因材施教的12个方法（美国著名教师伊莉莎白"好老师"三部曲）	9787500694847	22.00
★ 如何打造高效能课堂	9787500680666	29.00
合理有据的教师评价：课堂评估衡量学生进步	9787515330815	29.00
班主任工作/德育		
★ 北京四中8班的教育奇迹	9787515321608	36.00
★ 师德教育培训手册	9787515326627	29.80
中小学教师职业道德培训手册：师德的定义、养成与评估	9787515340777	32.00
★ 好老师征服后进生的14堂课（美国著名教师伊莉莎白"好老师"三部曲）	9787500693819	39.90
优秀班主任的50条建议：师德教育感动读本（《中国教育报》专题推荐）	9787515305752	23.00
学校管理/校长领导力		
卓越课堂的50个关键问题	9787515366678	39.00
如何培养卓越教师：给学校管理者的行动清单	9787515357034	39.00
★ 学校管理最重要的48件事	9787515361055	39.80
重新设计学习和教学空间：设计利于活动、游戏、学习、创造的学习环境	9787515360447	49.90
重新设计一所好学校：简单、合理、多样化地解构和重塑现有学习空间和学校环境	9787515356129	49.00
让樱花绽放英华	9787515355603	79.00
学校管理者平衡时间和精力的21个方法	9787515349886	29.90
校长引导中层和教师思考的50个问题	9787515349176	29.00
如何定义、评估和改变学校文化	9787515340371	29.80
优秀校长一定要做的18件事（入选《中国教育报》"2009年影响教师的100本书"）	9787515342733	39.90
学科教学/教科研		
中学古文观止50讲：文言文阅读能力提升之道	9787515366555	59.90
完美英语备课法：用更短时间和更少材料让学生高度参与的100个课堂游戏	9787515366524	49.00

书名	书号	定价
人大附中整本书阅读取胜之道：让阅读与作文双赢	9787515364636	59.90
北京四中语文课：千古文章	9787515360973	59.00
北京四中语文课：亲近经典	9787515360980	59.00
从备课开始的56个英语创意教学：快速从小白老师到名师高手	9787515359878	49.90
美国学生写作技能训练	9787515355979	39.90
《道德经》妙解、导读与分享（诵读版）	9787515351407	49.00
京沪穗江浙名校名师联手教你：如何写好中考作文	9787515356570	49.90
京沪穗江浙名校名师联手授课：如何写好高考作文	9787515356686	49.80
人大附中中考作文取胜之道	9787515345567	39.80
人大附中高考作文取胜之道	9787515320694	49.90
人大附中学生这样学语文：走近经典名著	9787515328959	49.90
四界语文（入选《中国教育报》2017年度"教师喜爱的100本书"）	9787515348483	49.00
让小学一年级孩子爱上阅读的40个方法	9787515307589	39.90
让学生爱上数学的48个游戏	9787515326207	26.00
轻松100课教会孩子阅读英文	9787515338781	88.00
情商教育/心理咨询		
9节课，教你读懂孩子：妙解亲子教育、青春期教育、隔代教育难题	9787515351056	39.80
学生版盖洛普优势识别器（独一无二的优势测量工具）	9787515350387	169.00
与孩子好好说话（获"美国国家育儿出版物（NAPPA）金奖"）	9787515350370	39.80
中小学心理教师的10项修炼	9787515309347	36.00
别和青春期的孩子较劲（增订版）（入选《中国教育报》"2009年影响教师的100本书"）	9787515343075	39.90
100条让孩子胜出的社交规则	9787515327648	28.00
守护孩子安全一定要知道的17个方法	9787515326405	32.00
幼儿园/学前教育		
中挪学前教育合作式学习：经验·对话·反思	9787515364858	79.00
幼小衔接听读能力课	9787515364643	33.00
用蒙台梭利教育法开启0~6岁男孩潜能	9787515361222	45.00
德国幼儿的自我表达课：不是孩子爱闹情绪，是她/他想说却不会说！	9787515359458	59.00
德国幼儿教育成功的秘密： 近距离体验德国学前教育理念与幼儿园日常活动安排	9787515359465	49.80
美国儿童自然拼读启蒙课：至关重要的早期阅读训练系统	9787515351933	49.80
幼儿园30个大主题活动精选：让工作更轻松的整合技巧	9787515339627	39.80
美国幼儿教育活动大百科：3-6岁儿童学习与发展指南用书 科学/艺术/健康与语言/社会	9787515324265等	600.00
蒙台梭利早期教育法：3-6岁儿童发展指南（理论版）	9787515322544	29.80
蒙台梭利儿童教育手册：3-6岁儿童发展指南（实践版）	9787515307664	33.00
自由地学习：华德福的幼儿园教育	9787515328300	49.90
赞美你：奥巴马给女儿的信	9787515303222	19.90
史上最接地气的幼儿书单	9787515329185	39.80
教育主张/教育视野		
重新定义学习：如何设计未来学校与引领未来学习	9787515367484	49.90
教育新思维：帮助孩子达成目标的实战教学法	9787515365848	49.00
学习是如何发生的：教育心理学中的开创性研究及其实践意义	9787515366531	59.90
父母不应该错过的犹太人育儿法	9787515365688	59.00
如何在线教学：教师在智能教育新形态下的生存与发展	9787515365855	49.00
正向养育：黑幼龙的慢养哲学	9787515365671	39.90

书名	书号	定价
颠覆教育的人：蒙台梭利传	9787515365572	59.90
如何科学地帮助孩子学习：每个父母都应知道的77项教育知识	9787515368092	59.00
学习的科学：每位教师都应知道的99项教育研究成果（升级版）	9787515368078	59.90
学习的科学：每位教师都应知道的77项教育研究成果	9787515364094	59.00
真实性学习：如何设计体验式、情境式、主动式的学习课堂	9787515363769	49.00
哈佛前1%的秘密（俞敏洪、成甲、姚梅林、张梅玲推荐）	9787515363349	59.90
基于七个习惯的自我领导力教育设计：让学校育人更有道，让学生自育更有根	9787515362809	69.00
终身学习：让学生在未来拥有不可替代的决胜力	9787515360560	49.90
颠覆性思维：为什么我们的阅读方式很重要	9787515360393	39.90
如何教学生阅读与思考：每位教师都需要的阅读训练手册	9787515359472	39.00
"互联网+"时代，如何做一名成长型教师	9787515340302	29.90
教出阅读力	9787515352800	39.90
为学生赋能：当学生自己掌控学习时，会发生什么	9787515352848	33.00
如何用设计思维创意教学：风靡全球的创造力培养方法	9787515352367	39.80
如何发现孩子：实践蒙台梭利解放天性的趣味游戏	9787515325750	32.00
如何学习：用更短的时间达到更佳效果和更好成绩	9787515349084	49.00
教师和家长共同培养卓越学生的10个策略	9787515331355	27.00
★ 如何阅读：一个已被证实的低投入高回报的学习方法	9787515346847	39.00
★ 芬兰教育全球第一的秘密（钻石版）（《中国教育报》等主流媒体专题推荐）	9787515359922	59.00
世界最好的教育给父母和教师的45堂必修课（《芬兰教育全球第一的秘密》2）	9787515342696	28.00
杰出青少年的7个习惯（精英版）	9787515342672	39.00
杰出青少年的7个习惯（成长版）	9787515335155	29.00
★ 杰出青少年的6个决定（领袖版）（全国优秀出版物奖）	9787515342658	49.90
★ 7个习惯教出优秀学生（第2版）（全球畅销书《高效能人士的七个习惯》教师版）	9787515342573	39.90
学习的科学：如何学习得更好更快（入选中国教育网2016年度"影响教师的100本书"）	9787515341767	39.80
杰出青少年构建内心世界的5个坐标（中国青少年成长公开课）	9787515314952	59.00
★ 跳出教育的盒子（第2版）（美国中小学教学经典畅销书）	9787515344676	35.00
夏烈教授给高中生的19场讲座	9787515318813	29.90
★ 学习之道：美国公认经典学习书	9787515342641	39.00
★ 翻转学习：如何更好地实践翻转课堂与慕课教学（中国教育新闻网2015年度"影响教师的100本书"）	9787515334837	32.00
★ 翻转课堂与慕课教学：一场正在到来的教育变革	9787515328232	26.00
翻转课堂与混合式教学：互联网+时代，教育变革的最佳解决方案	9787515349022	29.80
翻转课堂与深度学习：人工智能时代，以学生为中心的智慧教学	9787515351582	29.80
★ 奇迹学校：震撼美国教育界的教学传奇（中国教育新闻网2015年度"影响教师的100本书"）	9787515327044	36.00
★ 学校是一段旅程：华德福教师1—8年级教学手记	9787515327945	49.00
★ 高效能人士的七个习惯（30周年纪念版）（全球畅销书）	9787515360430	79.00

您可以通过如下途径购买：
1. 书　　店：各地新华书店、教育书店。
2. 网上书店：当当网（www.dangdang.com）、天猫（zqwts.tmall.com）、京东网（www.jd.com）。
3. 团　　购：各地教育部门、学校、教师培训机构、图书馆团购，可享受特别优惠。
　　购书热线：010-65511272 / 65516873

真实性学习
如何设计体验式、情境式、主动式的学习课堂

ISBN：978-7-5153-6376-9
作者：[美] 托马斯·C. 默里
2021-6　定价：49.00元

★ 新思维、新方法、新工具，打造精准、高效、全面、科学的个性化教学体系
★ 美国年度教育思想领袖、年度教育政策人物、入选美国学校董事会协会"值得
期待的20名教育者"重磅力作
★ 注重学生的独特需求，开展文化适应性教学，创造个性化的学习体验，建立更
深层次的师生关系，让学生从被动接受信息到主动创造内容

内容简介： 真实性学习是指基于真实生活并面向真实世界的学习，它是一种鼓励学生积极创造、合作共享的学习方式。随着信息化时代的发展，人工智能的出现在教育领域引起了巨大的变革。传统的、线性的教学模式"教师教—学生学—学生考—教师再教"已无法满足当前的学校教育状况，学校教育必须开始重新思考"教育应该培养什么样的人"、"学校所教育出来的学生是否具备面向未来社会的思维与能力"。现今，世界各国都在争先恐后地研究如何提升学生适应未来社会、解决真实问题的能力。

要想为学生构建真实性和个性化的学习体验，广大教育工作者就应该做到这些：

◆ 注重学生的社会情感需求
◆ 开展文化适应性教学
◆ 建构相关性和情境化的学习体验
◆ 释放学生的兴趣、激情和特长
◆ 让学生从被动接受信息到主动创造和设计学习内容
◆ 设置灵活的进度和探索路径
◆ 提供具体且真实有效的反馈

托马斯·C. 默里 经验丰富的教育者，倡导以学生为中心的个性化学习与真实性学习，同时引领着面向未来的数字化学习。默里曾被美国学校董事会协会（NSBA）评为"值得期待的20名教育者"之一，2015年被艺术与科学学院评为"年度教育政策人物"。

高度参与的课堂：提高学生专注力的沉浸式教学

ISBN：978-7-5153-5752-2
作者：[美] 罗伯特·J. 马扎诺
黛布拉·皮克林
塔米·赫夫尔鲍尔
定价：39.90元

- 入选中国教育网2019年度"影响教师的100本书"
- 让学生参与变成一种常态

○ 美国教育界专家、马扎诺研究中心创始人倾情力作
○ 帮助教师更轻松管理课堂，帮助学生更容易融入课堂

内容简介：

　　本书涉及的课堂实践可以积极地影响学生的专注力和参与度。学生在课堂上的高度参与显然是高效教学的核心方面之一。如果学生不积极参与，他们就几乎没有机会学到课堂上的知识。利用本书中提出的实用性建议，每位教师都可以创造一个课堂环境，让学生对以下四个问题产生积极应答，让学生参与变成一种课堂常态：

　　·我感觉如何？　　　　·我感兴趣吗？　　　　·这重要吗？　　　　·我能做到吗？

　　本书阐述了教学视角的根本性改变。"我感觉如何"关乎学生情感，"我感兴趣吗"关乎课堂吸引程度，这两个问题和专注力有关。"这重要吗"探讨学生如何将课堂目标与个人目标联系起来，"我能做到吗"说的是如何培养学生的自我效能感，这两个问题涉及长期的课堂参与，对这两个问题的解决，也为教师、学校开辟了新的教学视角。除了专注于教授学生学术内容，教师还应让学生意识到，他们认为什么是重要的，以及他们的思维模式如何对他们的生活产生积极或消极的影响。这种意识可以帮助学生学到更重要、更具影响力的知识。

作者简介：

　　罗伯特·J. 马扎诺博士，美国教育界专家，马扎诺研究中心联合创始人兼首席执行官，著名演讲者、培训师和作家。他将崭新的研究和理论转化为课堂实践，在国际上广为人知，并被教师和管理人员广泛应用。

　　黛布拉·皮克林博士，马扎诺研究中心高级学者，致力于为众多学校和地区提供教育咨询。作为一名课堂教师、教育界领导者和学区行政管理人员，皮克林博士在其整个教育生涯中获得了丰富的实践经验。

　　塔米·赫夫尔鲍尔博士，马扎诺研究中心副总裁，同时也是一名教育顾问。赫夫尔鲍尔博士在密苏里州塔萨斯城开始了她的教学生涯，后来搬到内布拉斯加州，在那里获得了地区杰出教师奖。